Este libro está dedicado a María luisa.

Por darme la vida y mi primera batería.

EL ARTE DEL FRASEO EN LA BATERÍA

Vol. II de la Serie Máster rítmico

Por Alex Cid

CONTACTO

www.alexcid.com

Si estás interesado en los 46 audios (+ de 100 minutos, todas las formas de frasear grabadas). Ponte en contacto conmigo adjuntando un justificante de compra y podrás descargarte dichos contenidos de este producto.

Los datos facilitados a través de correo electrónico serán utilizados para atender tu petición de información, gestión y prestación de lo requerido y aceptado por una y otra parte. También para el envío de futuras informaciones relevantes sobre productos, eventos, noticias y servicios que pudieran ser de tu interés. Puedes ejercer tu derecho de rectificación y cancelación por el mismo canal.

Copyright © 2014 Alejandro Cid

Corrección, maquetación y publicación: Letra minúscula

www.letraminuscula.com

contacto@letraminuscula.com

Impreso en la UE – Printed in the EU

Ninguna parte de esta obra puede ser reproducida por algún medio sin el permiso expreso de su autor.

La tinta que utilizamos no lleva cloro y el tipo de papel interior no lleva ácido. Ambos productos los suministra un proveedor certificado por el Consejo de Administración Forestal (FSC, ForestStewardship Council). El papel está fabricado con un 30% de material reciclado de residuos.

AGRADECIMIENTOS

A María y Manuel Montoro de CARABOX locales de ensayo, por prestarme la infraestructura necesaria para este proyecto. Y hacerme estar cómo en casa.

Kate Dowman por las correcciones, a Beatriz Rodríguez San Julián por las traducciones y creer en mí desde un principio.

A Miguel Calero por tener siempre la puerta abierta, y por realizar un trabajo magnífico con las portadas. Perfectas.

Gracias a Alberto Caracuel, por los 46 vídeos. Y por todas las conversaciones provechosas que tuvimos sobre mi proyecto.

A Alberto Martín y Rayco Gil de Lalavalab estudio de grabación por hacer fácil lo difícil. Y por el esfuerzo y profesionalidad para conseguir grabar y arreglar más de 100 minutos de audios.

A mis primeros profesores, Jorge Lucero y Miguel Ferreira.

A todos mis alumnos, que con su afán y exigencia por aprender, han hecho posible este proyecto.

A Luis Mármol, Oscar y Alberto Sánchez por estar siempre al otro lado del teléfono.

A Héctor Sierra por todos los consejos legales.

A Jorge Cid y Pako San Martín por las fotografías y el estilismo.

Gracias a Roberto Augusto de Letra minúscula, por todas las correcciones que hubo que hacer. No era fácil. Gracias por no desistir.

Gracias a Chema "Animal" Pérez y DomFamularo por las magníficas reseñas, por los consejos y tener siempre un gran interés en mi proyecto. A Ángel Crespo por hacerme ver más allá de donde mi vista alcanzaba y estar siempre accesible.

A Armando García Riva por ser mi amigo y por la web.

Y sobre todo a mi familia:

Mª Ángeles y Joaquín, por ser cómo unos padres para mí. A mis hijos, Santiago y Vega por ser la alegría y el motor de mi vida. A Cristina, mi compañera. Tienes mucho que enseñarme y tengo mucho que aprender junto a ti. Te quiero.

ÍNDICE

Objetivo del libro..1

Aprovechar el libro al máximo..2

Funcionamiento del libro.

Niveles de las formas de frasear.

Fundamentos de lectura.

Otras consideraciones..4

Uso del metrónomo.

Primera vista.

Ligaduras.

Frases en blanco.

Práctica..6

Ergonomía.

Ayuda de un profesor.

Comprensión, asimilación y relajación.

Teoría adaptada..7-8

Relación de notas y acentos. Leyenda.

Opiniones y reseñas...9

PÁGINA	EJERCICIO	NIVEL	TÍTULO
11 y 12	1a, 1b	Prin. ♪♪	Relleno semicorcheas
13 y 14	2a, b, c, d, e	Prin. ♪♪	Sin ningún relleno
15 y 16	3 y 3a	Prin. ♪♪♪	Relleno semicorcheas y flams.
17 y 18	4, 4a, 4b	Inter. ♪	Relleno fusas
19 y 20	5, 5a, 5b	Inter. ♪	Relleno con seisillos
21 y 22	6a, b, c	Prin. ♪♪	Independencia básica
23 y 24	7 y 7a	Prin. ♪♪	Frases semicorcheas y rulo abierto
25 y 26	8 y 8a	Inter. ♪	Frases fusas y rulo abierto
27 y 28	9 y 9a	Inter. ♪	Fusas rulo abierto VARIACION I
29 y 30	10 y 10a	Inter. ♪♪	Fusas rulo abierto VARIACION II
31 y 32	11 y 11a	Inter. ♪	Rellenar semicorcheas y buzz
33 y 34	12, 12a	Inter. ♪	Rellenar fusas y buzz
35 y 36	13	Inter. ♪♪	Rellenar fusas y buzz VARIACION I
37 y 38	14 y 14a	Inter. ♪♪♪	Rellenar seisillos y buzz
39 y 40	15, 15 a, 15b	Inter. ♪	Rellenarsemicorcheas y múltiple bounce roll
41 y 42	16, 16a, 16b	Inter. ♪♪	Rellenar fusas y múltiple bounce roll
43 y 44	17, 17a, 17b	Inter. ♪♪♪	Rellenar seisillos y múltiple bounce roll
45 y 46	18, 18a, 18b	Prin. ♪♪♪	Rellenar y doblar (semicorchea / fusas)
47 y 48	19, 19a	Inter. ♪	Rellenar y doblar bounce (semicorchea/fusas)
49, 50	20, 20a, 20b	Inter. ♪	Rellenar y doblar (2 semis/tresillo semis)
51, 52, 53, 54	21, 21a, 21b	Inter. ♪♪	Rellenar y doblar (2 semis/tresillo semis) VARIACIÓN I
55 y 56	22, 22a, 22b	Inter. ♪	Rellenar y doblar seisillos (semicorchea/fusas)

Formas de frasear por niveles..57

Otras formas de frasear..58

Incorporando ritmos (23,24 y 25)..59

Mezclar las formas de frasear (26 y 27)...60

Incorporando el bombo (fraseo lineal) (28, 29, 30, 31,32 y 33)..............61

Incorporando el bombo (fraseo lineal) (34, 35, 36 y 37).........................62

Incorporando el bombo (fraseo unísono) (38, 39, 40 y 41)....................62

Sustituciones (42)...63

Sustituciones (43 y 44)..64

Sustituciones (45 y 46)..65

Ostinatos..66

Arreglo de banda (Enarmonía rítmica)...67

FRASES

68 hasta 94...Fraseos

Metrónomo de los audios con partitura...95

96 hasta 100..Fraseos con ligaduras

101 y 102...Frases en blanco

> Todos los audios con partitura, tocados con la página 69

Objetivo del libro

Todos hemos visto y oído a grandes bateristas tocar con una fluidez y riqueza de ideas que nos apabullan y, a la vez, nos motivan y enseñan.

El arte del fraseo para cualquier músico es la consecuencia lógica de mucha dedicación y horas de práctica dentro y fuera de un escenario, la elección de un buenfill en un tema musical o en un solo de batería viene generalmente precedida de un estudio previo. Ahora bien, si lo que cuenta es la improvisación, no puede haberla sino he experimentado antes con esos fraseos.

El proceso de crecimiento musical rara vez es exponencial, al contrario, es paulatino y gradual. Para que haya una evolución en este proceso lo que te ofrezco en este libro son herramientas. Estas herramientas las denomino formas de frasear. Una vez entendidas su mecánica y asimilado su funcionamiento las ejecutarás con los fraseos o páginas de lectura.

En este libro encontrarás muchas formas de frasear, algunas muy funcionales y otras cuya finalidad es un mejor conocimiento del ritmo en general.

Por lo cual el objetivo final de este libro es una mejora de tus recursos, una mayor flexibilidad y la obtención de un mayor y mejor vocabulario para, a la hora de tocar, dar una mayor expresión y belleza a una idea musical.

Disfruta y diviértete

Alex Cid

Aprovechar el libro al máximo

- **<u>Funcionamiento del libro</u>**

En la primera parte encontrarás las formas de frasear, cada una de ellas contiene información esquematizada y gráficos para el buen funcionamiento del fraseo. Cuando tengas clara la mecánica de la forma de frasear, irás a las páginas de lectura y deberás trabajar con las notas que la contienen.

Las páginas de lectura o fraseos son partituras de 36 compases por página, en las cuales ejecutarás el fraseo elegido. Estas páginas de lectura no tienen un orden claramente definido, pero observarás que las primeras si serán más fáciles que las últimas, ya que son más densas.

He optado por escribir las notas en una línea de caja para su mejor asimilación, ya que *a posteriori* serán timbales, platos, arreglos de banda, etc. Es decir, ideas para la obtención de la tan ansiada creatividad.

Cuando comiences a tocar los fraseos con una forma de frasear siempre deberás empezar a ejecutarlas en caja y, una vez dominadas en ella, pasarás a continuación a los timbales, platos y bombo.

- **Niveles de las formas de frasear**

  Estarán siempre en el margen superior derecho.

  Los niveles van desde el principiante I hasta el avanzado III. Por supuesto siempre serán orientativos.

  He incorporado los niveles pensando en la dificultad intrínseca de la forma de frasear, no tanto en el baterista, ya que es difícil de calibrar el nivel de cada uno, sobre todo si llevas cierto tiempo tocando. Puede ocurrir que estés estudiando una forma de frasear de nivel principiante I y, a su vez, otra de intermedio I. También puede suceder, en algunas ocasiones, que estés ejecutando formas de frasear de nivel intermedio y tengas que recurrir a otras de nivel inferior para subsanar errores, o por tener ciertas lagunas que corregir o conocer correctamente, antes de seguir avanzando.

- **Fundamentos de lectura**

  Observarás que no he puesto niveles en los fraseos. Esto es debido al nivel de lectura de cada uno. Si tienes un nivel básico, recomiendo empezar con las primeras páginas y seguir avanzando desde ahí. Si tu nivel de lectura es óptimo, empezarás en la página de lectura que más te convenga dependiendo de tus inquietudes.

  No deberías plantearte como objetivo querer tocar 36 compases sin errores desde un principio. Muy al contrario deberás ir tiempo a tiempo, compás a compás y frase tras frase.

Otras consideraciones

- **Uso del metrónomo**

    El trabajo con metrónomo en cada sesión de práctica hará que nuestro reloj interno sea preciso, el tiempo y su manipulación es obligación del baterista. De nada valen unos ritmos y fraseos increíbles si no controlamos este aspecto.

    Aprovecha también para contar tiempos y compases. Esta actividad puede ser tediosa e ingrata al principio, pero una vez interiorizada tiene unos beneficios extraordinarios.

    Cuando consigas esta capacidad, es posible que en muchas ocasiones no la necesites, pero cuando la situación lo requiera podrás recurrir a ella.

- **Primera vista**

    Una de las razones de tantas páginas de lectura es para evitar la memorización. Cuando conozcas a la perfección una forma de frasear podrías plantearte la posibilidad de abrir las páginas de lectura al azar y realizar ahí el fraseo. De esa manera la lectura a primera vista será cada vez más fácil y útil.

    Por supuesto este desarrollo lo deberás realizar con formas de frasear muy interiorizadas.

- **Ligaduras**

    En la parte final del libro, encontraras unas páginas de lectura donde el denominador común son las ligaduras.

    – *La ligadura es un signo de forma curvada que colocada entre dos notas consecutivas, indica que debe prolongarse el sonido sin interrupción sumando los valores de esas notas. No tienen por qué tener el mismo valor.*

    El objetivo al estudiar estos fraseos es el de acostumbrarnos a este signo musical.

    Tienes que entender que, en muchas ocasiones, las partituras de batería las escribe generalmente la dirección musical del proyecto en que estés embarcado y no tiene por qué ser un baterista.

- **Frases en blanco**

    En el momento que una forma de frasear la conoces bien y la estás ejecutando con fluidez plantéate la posibilidad de sacar esos compases que más te gusten a una partitura en blanco.

    Más adelante trabaja esos compases desarrollándolos para incorporarlos a tu vocabulario y hacer esas frases tuyas.

Práctica

- **Ergonomía**

De vez en cuando improvisa con la forma de frasear que estés estudiando. Observa la posición de tu cuerpo, agarre de las baquetas y escucha tu sonido. Corrígelo si es necesario. Esto evitará lesiones y malos hábitos en el futuro.

- **Ayuda de un profesor**

En ocasiones es posible que necesites que alguien te asesore o clarifique algún aspecto musical. Entiende que un profesor es el profesional que te muestra el camino más recto y rápido de un punto a otro.

- **Comprensión, simplificación y relajación**

Comprende perfectamente todos los matices de una forma de frasear para evitar errores imprevistos.

Simplifica al máximo. Trabaja el primer compás hasta que la ejecución sea correcta, luego incorpora un segundo compás y así sucesivamente.

La relajación a la hora de tocar es la resultante de la suma de las dos anteriores.

Teoría adaptada

Hay un termino musical que a mi parecer se adapta perfectamente a lo que hacemos los bateristas:
La enarmonía. Es un mismo sonido con diferentes nombres por ejemplo Fa♯ y Sol♭.
Si observas, te darás cuenta que es lo que hacemos nosotros al tocar. Las notas en muchas ocasiones nos indican el posicionamiento de un acento.

Ejemplo de enarmonía rítmica

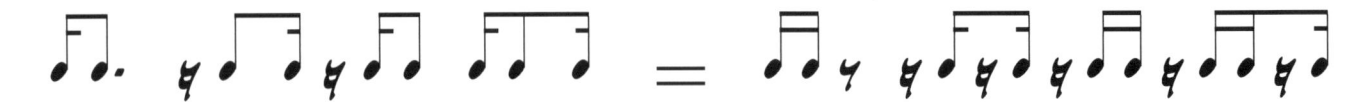

Observa que aunque los compases son diferentes, al tocarlos con cualquier elemento de tu batería, sonarían igual. Pero si entendemos la batería como una voz más dentro de un todo. Ahí sí que tendrás que tener en cuenta el valor real de las notas.

En este libro encontrarás todo el procedimiento para poder asimilar y trabajar el 4/4. Lo primero que debes saber es que este tipo de compás es cuaternario y de subdivisión binaria. La cantidad de música que escuchas en esta medida y hablo de música moderna es abrumadora. Pero para poder tocar y crear pasajes bellos e interesantes, también es importante saber la función y relación de las notas entre sí.

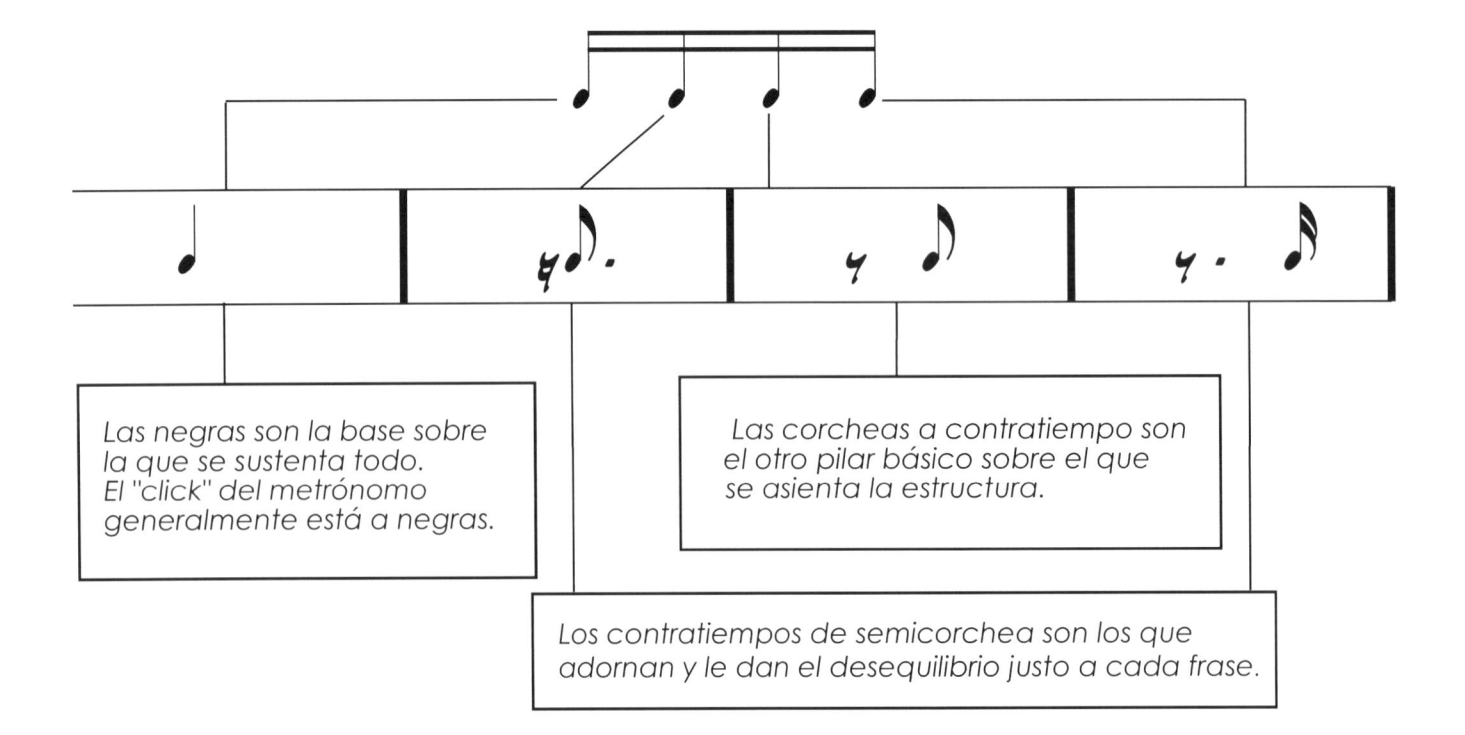

Las negras son la base sobre la que se sustenta todo. El "click" del metrónomo generalmente está a negras.

Las corcheas a contratiempo son el otro pilar básico sobre el que se asienta la estructura.

Los contratiempos de semicorchea son los que adornan y le dan el desequilibrio justo a cada frase.

Todos estos ingredientes en su justa proporción determinan la belleza rítmica de una frase siempre dependiendo del estilo musical.

Relación notas y acentos

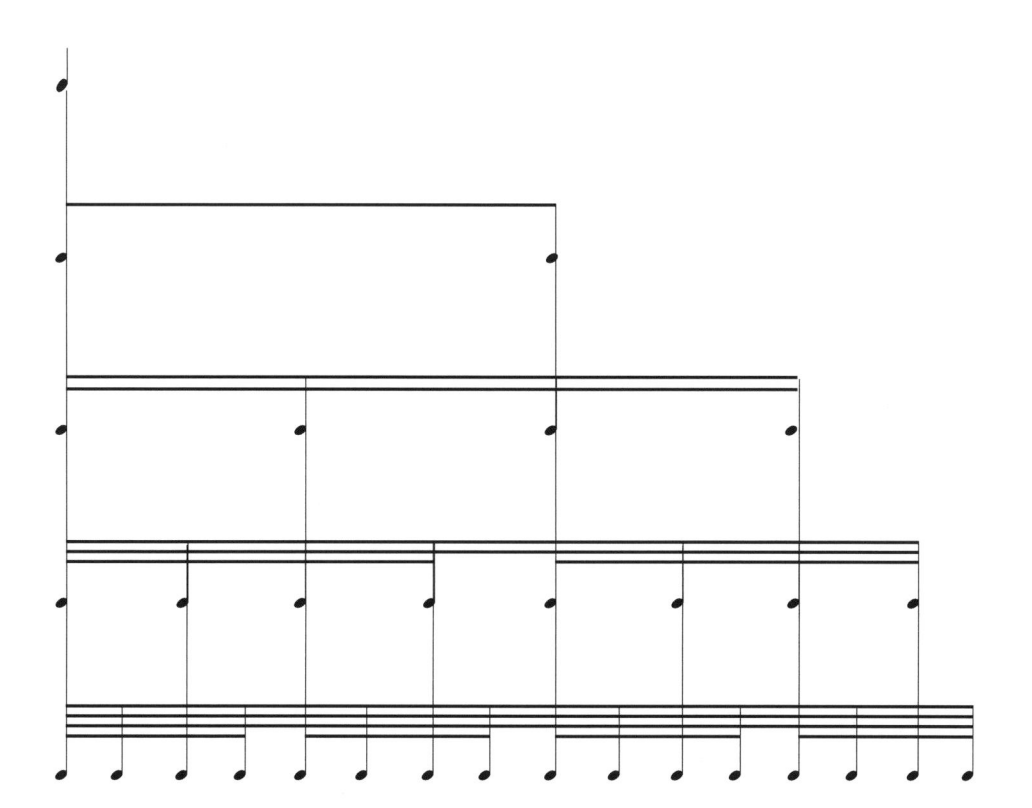

Leyenda

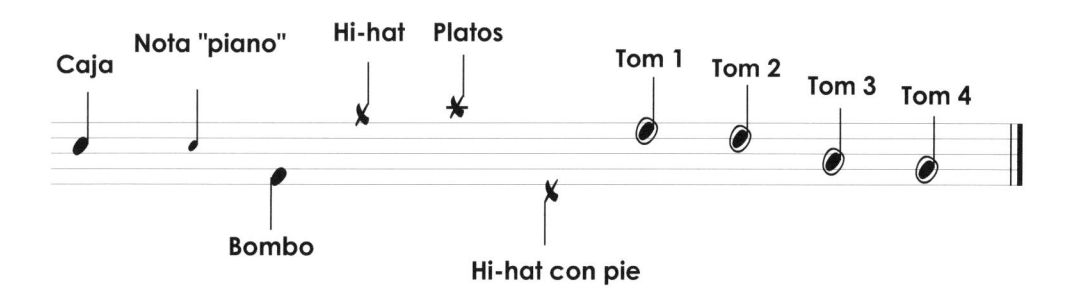

Caja — Nota "piano" — Hi-hat — Platos — Tom 1 — Tom 2 — Tom 3 — Tom 4

Bombo — Hi-hat con pie

Opiniones y reseñas

Hoy en día, disponemos de tanta información, tantos libros, videos, tutoriales, etc.
Que, para no perdernos en laberintos que no llevan a ninguna parte, se hace imprescindible saber elegir, seleccionar, lo que realmente es de utilidad, de lo que no.

La propuesta de Alex, me parece digna de tener en cuenta. Nos da herramientas y pautas que son prácticas y nos abren un amplio abanico de posibilidades a la hora de plantearnos formas de sacarle partido a una frase rítmica. Y estimula nuestra imaginación para desarrollar nuestras propias ideas.

Este es un libro, a tener muy en cuenta.
Totalmente recomendable.

Ángel Crespo

- Desarrolla de una manera muy natural la forma de conectar los ejercicios con el instrumento.
- La progresión de las formas de frasear es muy fácil de entender al basarse siempre en el mismo patrón de acentos.
- Las variaciones sobre los distintos elementos de la batería, en los videos son muy inspiradoras.

Me parece super-recomendable y creo que quien lo estudie avanzará muy rápido.

Chema "animal" Pérez
Enemigos, Mónica Naranjo, Pitingo y Alex O´Dogherty

Having your own voice in music is very important. Having your own style in drumming is the first step for this.

"Alex, has put together a very well thought system to better understand phrasing.
This will open many doors of ideas and expression!

This is the understanding of being an individual musician with your own style!"

Dom Famularo
Drumming´s Global Ambassador

Aniversario, 30 años de Carabox Locales de ensayo.
Desde la izquierda..
Luis Mármol, Mondy, Ángel Crespo, Chema "Animal" Pérez, Alex Cid y Oscar Astruga.
Fotografía cortesía de Loren Martín

Formas de frasear

Por ALEX CID

Audio-partitura con página 69

Relleno con semicorcheas

principiante; ♪♪

Forma de frasear 1-

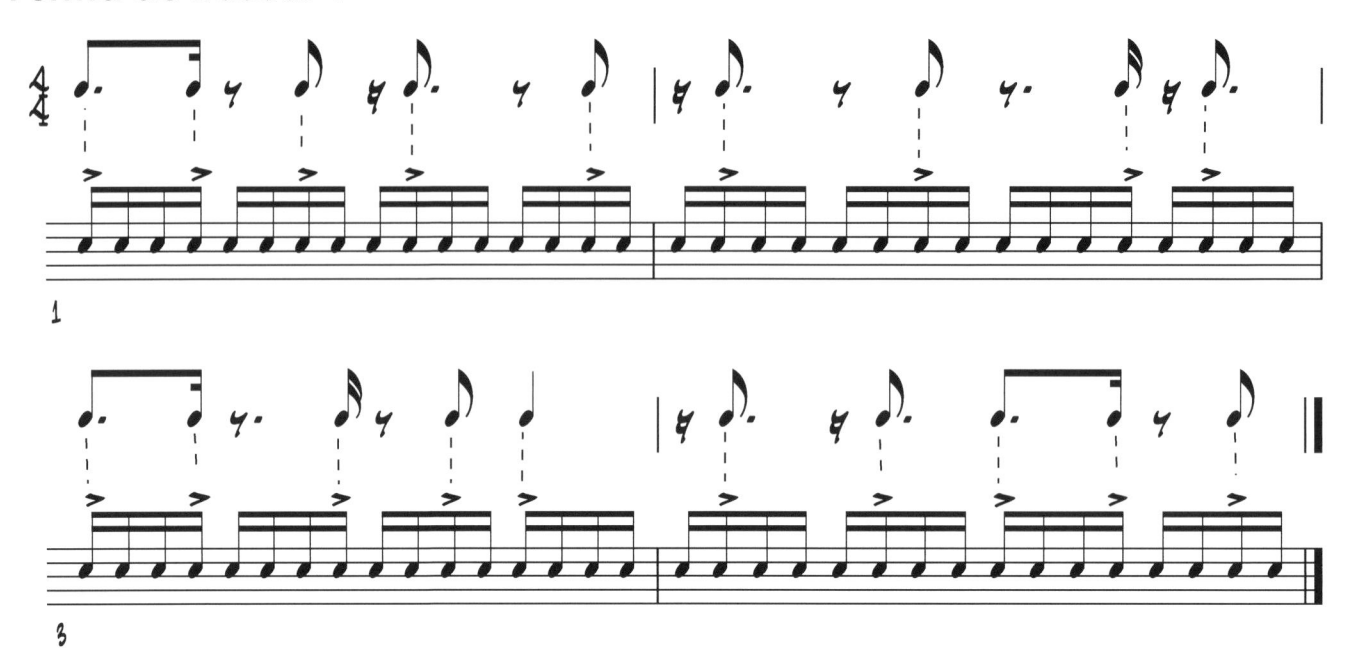

En esta forma de fraseo, lo que harás será rellenar todos los compases con semicorcheas de manera que esté completo (compases 1, 2 y 3, 4). En cuanto te sientas cómodo con la velocidad del metrónomo elegida, utilizaremos las notas de las frases como acentos.

Cada acento debe de estar claro en relación con el "CLICK" del metrónomo, de esa manera las frases empezarán a coger forma.

En el gráfico siguiente, te muestro una relación de las notas más importantes con su acentuación en el grupo de semicorcheas.

Cuando avances con las frases empezarás a encontrarte figuras con dos notas o más. Solo deberás sumar valores a las notas ya escritas en este gráfico.

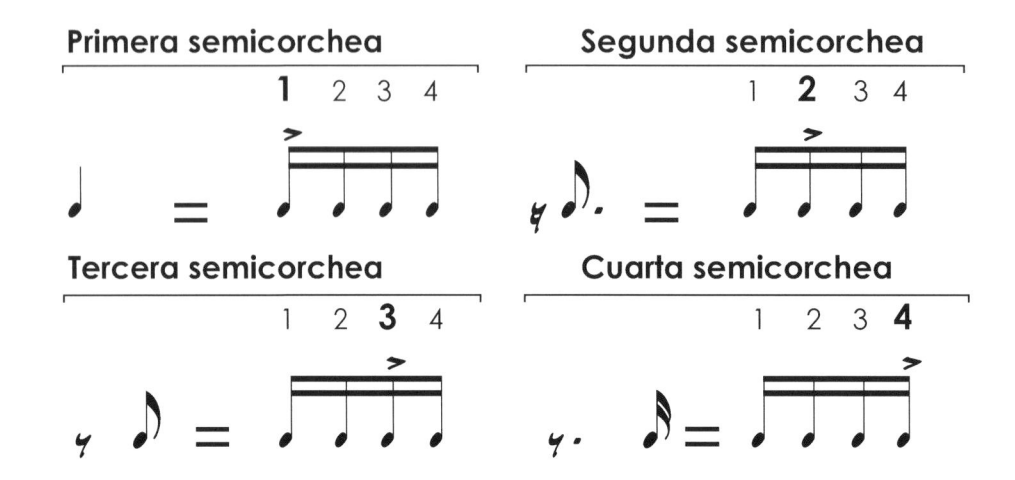

Primera semicorchea

Segunda semicorchea

Tercera semicorchea

Cuarta semicorchea

Relleno con semicorcheas

principiante; ♩♪

En el ejemplo **1a,** una vez realizadas las frases elegidas, en la caja o en un pad de prácticas pasarás a orquestarlas. Es decir las moverás por la batería, en este caso con platos y bombo

Ejemplo 1a-

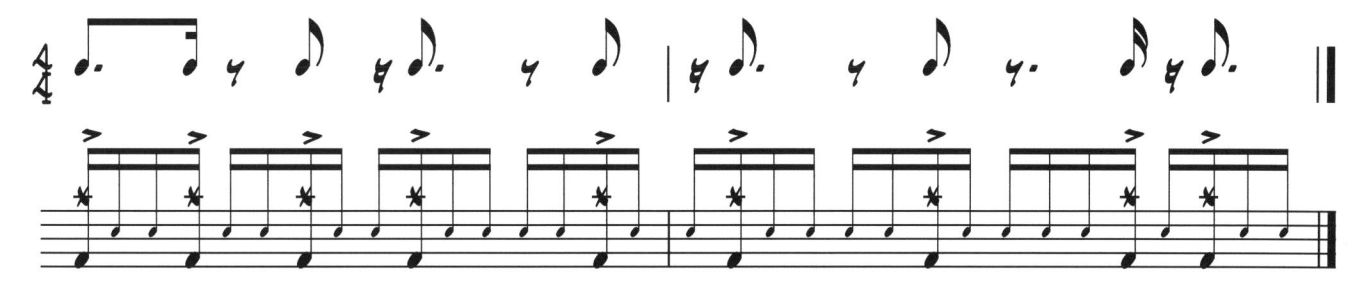

En el **1b,** como verás lleva la misma mecánica, solo que esta vez lo toco en los timbales. Por supuesto los timbales que hay escritos no son más que una disposición de mi batería, la tuya es más que probable que cambie. También he puesto a todos los timbales acentos. No son obligatorios, guíate por tu instinto y omite el que creas conveniente.

Ejemplo 1b-

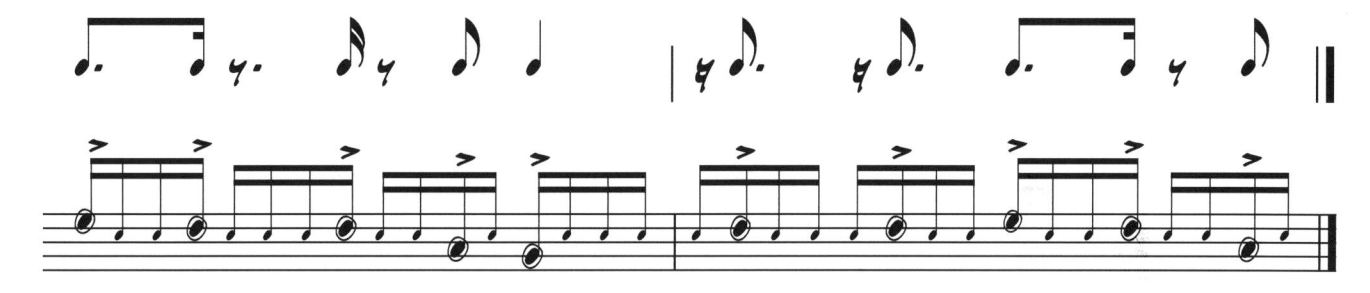

Date cuenta de que al tocar la combinación 1, (diestros) las blancas, negras y corcheas se situarán todas sin excepción en la mano derecha, mientras que segunda y cuarta semicorchea estarán en la mano izquierda. Esto sucederá siempre que la forma de tocar sea uno y uno.
Toda esta mecánica será al contrario si eres zurdo o bien sí lo comenzases con la izquierda.

Combinaciones de manos
1- D I D I D I D I ...
2- I D I D I D I D ...
3- Relleno con D los acentos con I
4- Relleno con I los acentos con D
5- Todo con D
6- Todo con I

Audio-partitura con página 69

Sin ningún relleno

principiante; ♪♪

Forma de frasear 2-

1 2 3 **4** 2 2 3 **4** 3 **2** 3 **4** **4** 2 3 4   1 **2** 3 4 2 **2** 3 4 3 2 3 **4** **4** **2** 3 4

1 2 3 **4** 2 2 3 **4** 3 **2** 3 **4** **4** 2 3 4   1 **2** 3 4 2 **2** 3 4 3 2 3 **4** **4** 2 3 4

El fraseo consiste en tocar las frases sin ningún tipo de relleno. Esto repercute sobre los espacios de tiempo entre notas. Aquí el "CLICK" es muy importante, ya que en muchas ocasiones te darás cuenta de que el relleno ayuda bastante. Toca todo en caja.

Ejemplo 2a-

En el ejemplo **2a**, como ves lo toco con los platos y el bombo. Esto es lo más parecido a lo que hacemos en un arreglo de banda. También podrías tocarlo omitiendo el bombo y tocando la caja en su lugar, o bien los tres miembros al unísono.

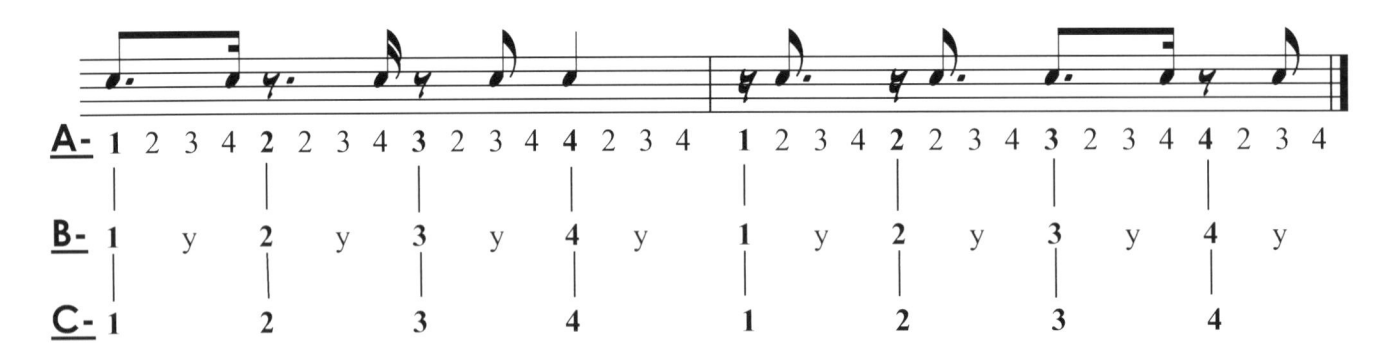

A- 1 2 3 4 **2** 2 3 4 **3** 2 3 4 **4** 2 3 4   1 2 3 4 **2** 2 3 4 **3** 2 3 4 **4** 2 3 4

B- 1 y 2 y 3 y 4 y   1 y 2 y 3 y 4 y

C- 1   2   3   4   1   2   3   4

En el gráfico anterior te muestro el conteo inicial en este tipo de medidas.
En el conteo **A**:
Lo que cuento son todas las semicorcheas, solo que la primera de cada grupo llevará el nombre del tiempo en el que me encuentro.
En el conteo **B**:
Lo que cuento son corcheas.
Y en el conteo **C**:
Cuento negras.
Cualquiera de los tres conteos sería correcto, lo único es que el **A** a velocidades rápidas no funciona.

Sin ningún relleno

principiante; ♩♪

Aquí te muestro algunos ejemplos de fraseo sobre timbales que todos hemos oído a los grandes bateristas. Son solo algunas formas de fraseo, escoge o adapta a tu estilo de música preferido y diviértete.

Ejemplo a-

de agudo a grave

Ejemplo b-

de grave a agudo

Ejemplo c-

unísono moviendo por la batería

Ejemplo d-

unísono en dos areas

| Audio-partitura con página 69 |

Relleno con semicorcheas y "flams"

principiante; ♪♪♪

Forma de frasear 3-

Esta forma de frasear contiene un rudimento: El "flam".
El flam consiste en hacer un mordente en una nota.
El mordente debería estar colocado delante de la nota que afecta y a una altura inferior.
El primer paso sería tocar flams, sin entrar en materia con las frases (trabajar solo como rudimento). Una vez que los flams suenen claros y precisos procederás a tocar las frases en caja.
En la página siguiente, están las combinaciones de manos a seguir.

Ejemplo 3a-

En el ejemplo **3a,** hago la misma rutina, solo que esta vez en timbales. Solo he escrito el timbal agudo para que tengas más claro el movimiento.
Por su escritura, si te fijas el mordente debería sonar en la caja. Pero esto no es así, ya que el mordente afecta a la nota tocada en el Tom 1. Como en estos dos compases. Si quisiera hacer un mordente en un Tom y la nota afectada en otro. Debería cambiar la cabeza del mordente y colocar el mordente en la altura del pentagrama deseada.

Relleno con semicorcheas y "flams"

principiante; ♪♪♪

flam tap: iD D DI I iD D DI I

acento flam: iD DI iD DI iD DI iD DI

En el gráfico superior te he escrito los rudimentos principales, cada uno lleva una mecánica y una combinación de manos diferente. Trabaja primero estos rudimentos, cada uno por separado, por que luego las combinaciones de manos, van a estar basadas en ellos.

Combinaciones de manos

Todas estas combinaciones, lo que hacen es ampliar mi vocabulario. Para mi al final lo menos importante es la combinación. Toca y comprende las posibilidades, para luego dejarte llevar por el fraseo; Sea cual sea la combinación.

D iD I D I D D iD I D I D I D iD I D I

1- D I D I ... Uno y uno como combinación. Basado en el acento flam.

D iD I I D DI iD D D iD I D iD I I

2- D D I I ... Dos y dos como combinación. Basado en Flam Tap.

D iD I D I D I D iD DI DI D I iD DI

 3- DI DI DI DI ... No repite ninguna mano incluida la del mordente. Esta combinación depende más del fraseo.

D iD D D D D D iD D D iD D D iD D D

4- Relleno semicorcheas con derecha, acentos y flams con izquierda. Aquí la combinacion no es lo más importante; Si no las frases, a más silencios más relleno.

Relleno con fusas

Audio-partitura con página 69 — intermedio; ♪

Forma de frasear 4-

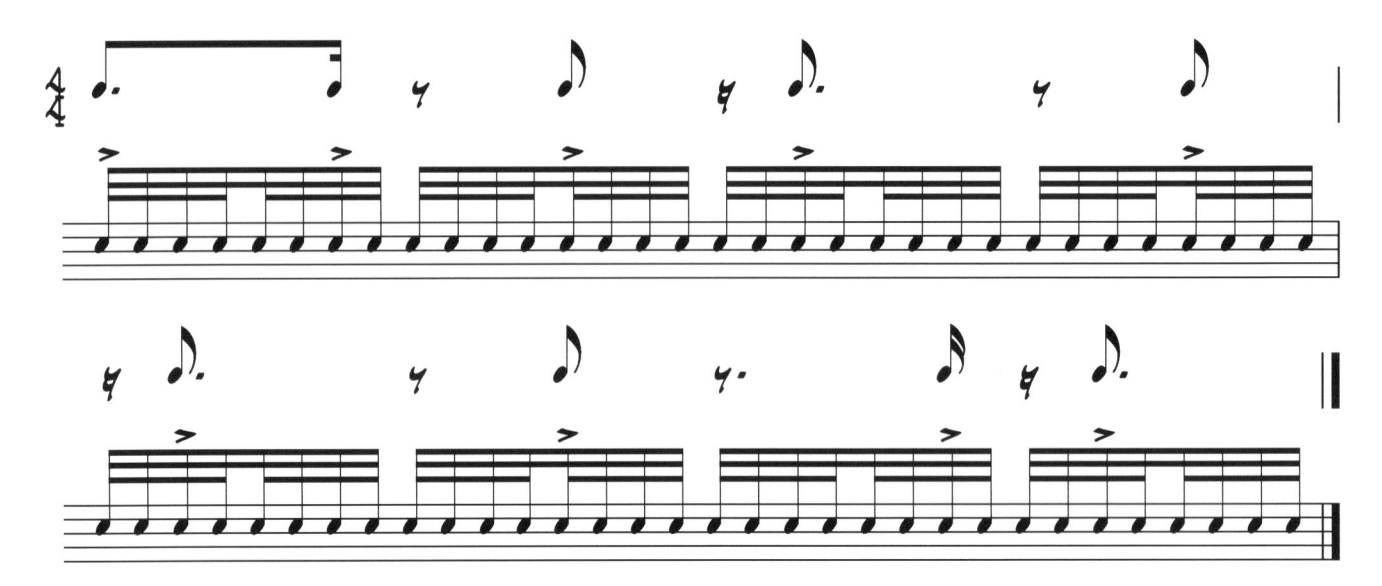

Este fraseo consiste en rellenar los compases con fusas. Las fusas serían ocho notas por negra.
En los ejemplos que he escrito está la fórmula para que este fraseo funcione:

Fórmula 1- Si te encuentras negra, acentuarás la primera fusa del grupo de ocho notas.
Fórmula 2- Si te encuentras la segunda semicorchea, acentuarás la tercera fusa del grupo de ocho notas. Observa que las impares del grupo de fusas van a ser las semicorcheas.
Fórmula 3- Si te encuentras la corchea a contratiempo, acentuarás la quinta fusa del grupo de ocho notas. Ajusta bien esta nota por que después de la negra es la más estable del tiempo.
Fórmula 4- Si te encuentras la cuarta semicorchea, acentuarás la séptima fusa del grupo de ocho notas.

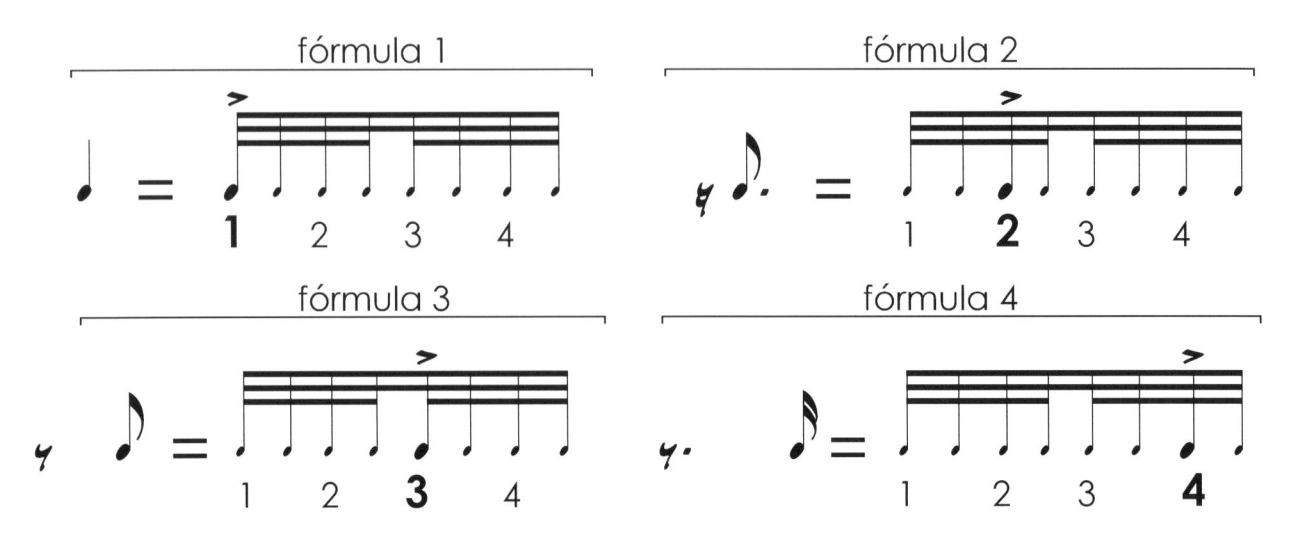

Relleno con fusas

intermedio; ♪

Como has estado haciendo hasta ahora, orquesta el ejercicio.

Ejemplo 4a-

Ejemplo 4b-

En cuanto a las combinaciones de manos, date cuenta que al tocar la combinación 1, todas as notas que te vas a encontrar en las frases te caerán en la mano derecha.
Si fraseas con la combinación 2, será a la inversa.
En el gráfico inferior derecha, observa cómo estan situadas las semicorcheas en el grupo de fusas.

Combinaciones de manos
1- D I D I D I D I...
2- I D I D I D I D...
3- Relleno con D, acentos I
4- Relleno con I, acentos D
5- Todo con D
6- Todo con I

Semicorcheas situadas

Relleno con seisillos

Audio-partutira con página 69 — intermedio; ♪

Forma de frasear 5 -

Esta forma de frasear, contiene un movimiento ternario dentro del más importante que sería binario. Las notas y la medida son claramente binarias; No así el relleno que contiene un movimiento "swing" dentro del grupo aseisillado.

Observa el gráfico **a/**, las notas con la plica hacia abajo, forman con su silencio dos grupos de tres notas. Al ejecutar la primera y la tercera de cada grupo de tres notas, estarás realizando un movimiento "swing".

En el gráfico **a/**, te vas a encontrar, cómo debería sonar el fraseo. Mientras que en el gráfico **b/**, las notas con la plica hacia abajo, son cómo vendrán escritas en las frases.

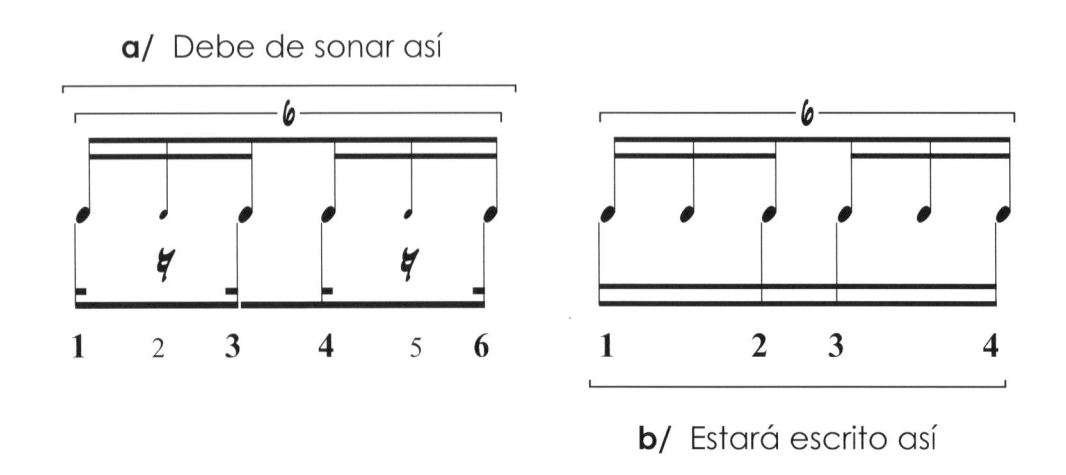

a/ Debe de sonar así

b/ Estará escrito así

Relleno con seisillos   intermedio; ♪

Ejemplo 5a-

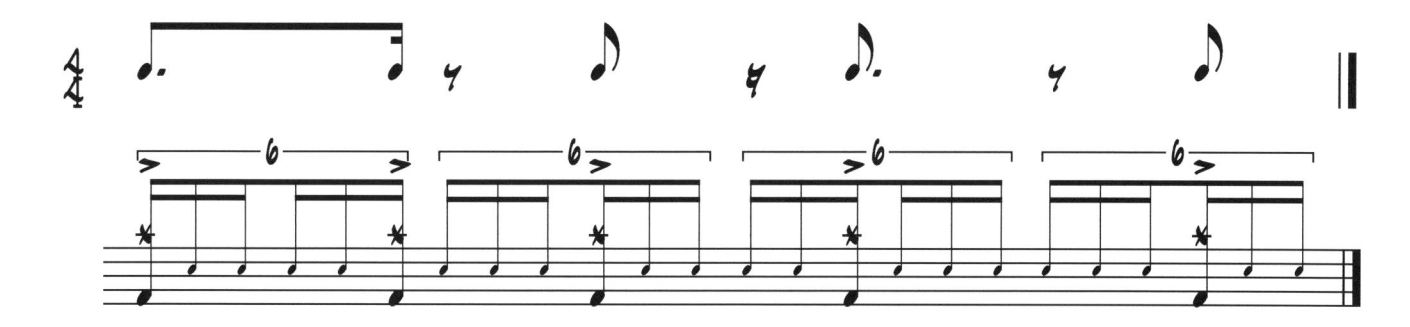

Ejemplo 5b-

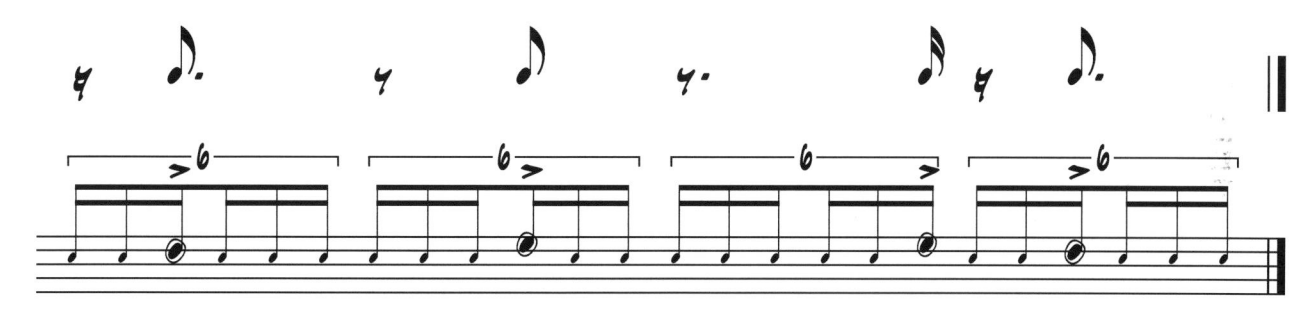

La diferencia más notable respecto a lo que hemos venido haciendo hasta ahora en los ejercicios anteriores, sería la segunda y cuarta semicorchea. Ya que antes todas las semicorcheas, estaban a la misma distancia unas de otras; Aquí la segunda se acercará a la corchea a contratiempo. Mientras que la cuarta semicorchea se acercará a la primera del siguiente tiempo. Este efecto se produce por el relleno de seisillos.

En cuanto a las combinaciones de manos la 1 y la 2 serían las más aconsejables para utilizar en un contexto musical. Las otras cuatro son mucho más técnicas.

> Una vez que tengas clara la mecánica, prueba a tocar este mismo ejercicio, pero esta vez sin ningún relleno.

Combinaciones de manos
1- D I D I D I ..
2- I D I D I D...
3- Relleno con D, acentos I
4- Relleno con I, acentos D
5- Todo con D
6- Todo con I

| Audio-partitura con página 69 |

Independencia básica   principiante; ♪♪

Entiendo por independencia básica; El estudio en dos vías. Es decir dos miembros. Uno tocará un ostinato y el otro leerá las frases.

Este ejercicio tiene mucho que ver con la forma de frasear **2**. Si en ese ejercicio, tocabas las notas sin ningún relleno, solamente con la ayuda del metrónomo. Aquí harás lo mismo, solo que esta vez incorporarás un ostinato.

Forma de frasear 6-

Forma de frasear 6a-

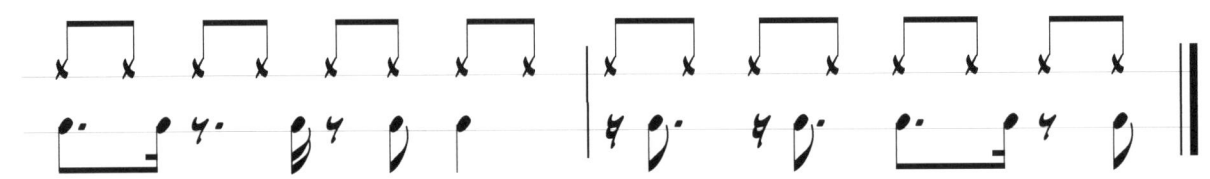

Forma de frasear 6b-

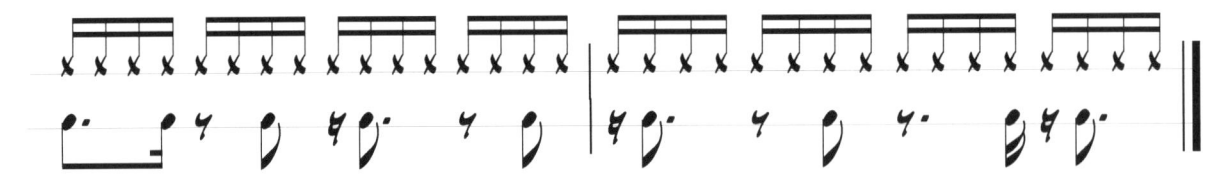

Forma de frasear 6c-

En los ostinatos, he utilizado figuras que considero básicas y de gran utilidad.

Como ves en cada ejercicio hay dos líneas. La de arriba será siempre el ostinato y en la de abajo irían las frases del libro. En este caso te he escrito mis ejemplos.

Independencia básica principiante; ♪♪

Los ostinatos o <u>obligados</u>, aparte de los que te propongo en la página anterior, pueden ser infinitos y mucho más complejos dependiendo de tus inquietudes y el estilo de música a elegir.

En este caso, utilizo otro ejemplo. Este ostinato sería algo más complejo que los vistos anteriormente, pero no menos interesante.

Investiga, desarrolla y diviértete.

Otro ejemplo

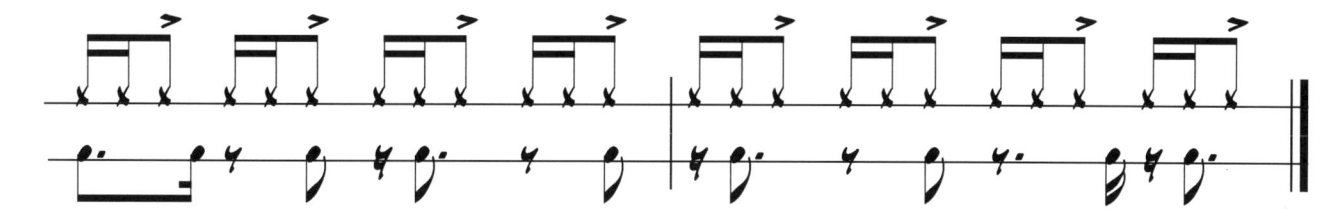

COMBINACIONES

1- Mano derecha, ostinato.
   Mano izquierda lee las frases.

2- Pie izquierdo ostinato.
   Pie derecho lee las frases.

3- Mano derecha ostinato.
   Pie derecho lee las frases.

4- Mano izquierda ostinato.
   Pie izquierdo lee las frases.

5- Mano izquierda ostinato.
   Pie derecho lee las frases.

6- Mano derecha ostinato.
   Pie izquierdo lee las frases.

1a- Mano izquierda ostinato.
   Mano derecha lee las frases.

2a- Pie derecho ostinato.
   Pie izquierdo lee las frases.

3a- Pie derecho ostinato.
   Mano derecha lee las frases.

4a- Pie izquierdo ostinato.
   Mano izquierda lee las frases.

5a Pie derecho ostinato.
   Mano izquierda lee las frases.

6a- Pie izquierdo ostinato.
   Mano derecha lee las frases.

No des por sentado que todo esto se debe de tocar en bombo, caja y charles. Aplica todos los ostinatos y las frases a cencerros, claves, timbales, platos etc. Todo dependerá de la configuración de tu batería.

| Audio-partitura con página 69 |

Frases con semicorcheas y "rulo abierto" principiante;

Forma de frasear 7-

En los sucesivos ejercicios la forma de frasear, consiste en doblar las notas de las frases. En este caso con fusas.

Esta forma de frasear está basado en el "rulo abierto".
Si observas los ejemplos, te darás cuenta que vienen escritos con una abreviatura, justo enmedio de la nota a la que afecta. Esto significa, que en esa nota, en el lugar en el que se encuentra, harás el movimiento y lo doblarás.
Los ejemplos los he escritos sin acentos, ya que en mis clases utilizo este ejercicio para controlar el rulo abierto.

En el ejemplo **7a**, lo toco en los timbales para que veas su orquestación. Fíjate que en este otro ejercicio lo escribo sin abreviatura; Para que veas las dos posibilidades.

Ejemplo 7a-

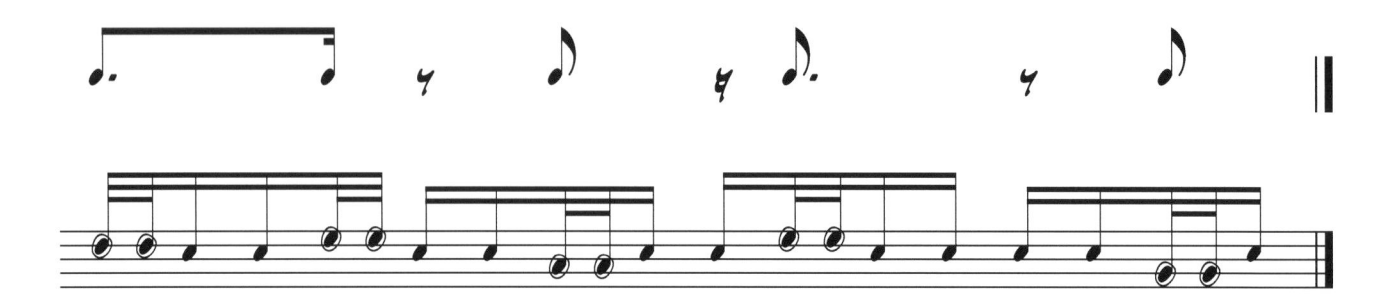

Frases con semicorcheas y "rulo abierto" principiante; ♪♪

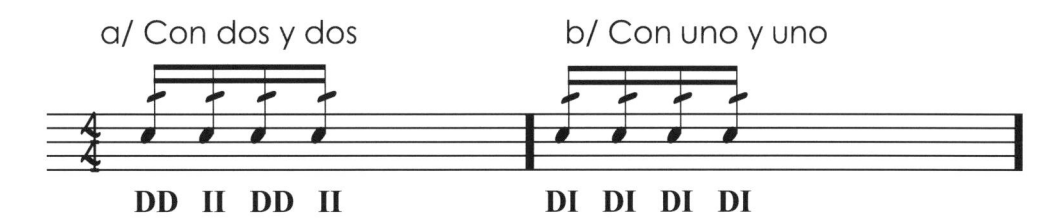

a/ Con dos y dos   b/ Con uno y uno

DD II DD II   DI DI DI DI

Combinaciones de manos

Lo más lógico sería trabajar el ejercicio con dos y dos, aunque existe la posibilidad de tocarlo con uno y uno (b).
Tanto uno como otro no son más que combinaciones de manos.
Realmente, y lo más utilizado sería el ejemplo (a), ya que el (b) es algo más técnico. Trabaja con las dos posibilidades.
Cuidado sobre todo con el ejemplo (b), ya que existe la posibilidad que suene ternario.
Piensa que las notas de las frases que doblas pueden ir acentuadas ("staccato"); o bien ligadas ("legato"), sin acentuar. En los compases siguientes las combinaciones 1 y 2 te las escribo "legato". Y la 3 y la 4 "staccato".

D II D I D I DDI D I D II D II D I

1- Notas de las frases con dos y dos, DD II.
Relleno uno y uno D I D I.

I DDI D I D II D I D I DD I DD I D

2- Notas de las frases con dos y dos, II DD.
Relleno uno y uno I D I D.

DID I D I D IDI D I DID I DID I

3- Notas de las frases con uno y uno DI DI.
Relleno uno y uno D I D I. Basado en ejemplo, b/.

I DID I D I DID I D I DID I DID

4- Notas de las frases con uno y uno ID ID.
Relleno uno y uno I D I D. Basado en ejemplo, b/.

Audio-partitura con página 69

Frases con fusas y "rulo abierto"

intermedio; ♪

Forma de frasear 8-

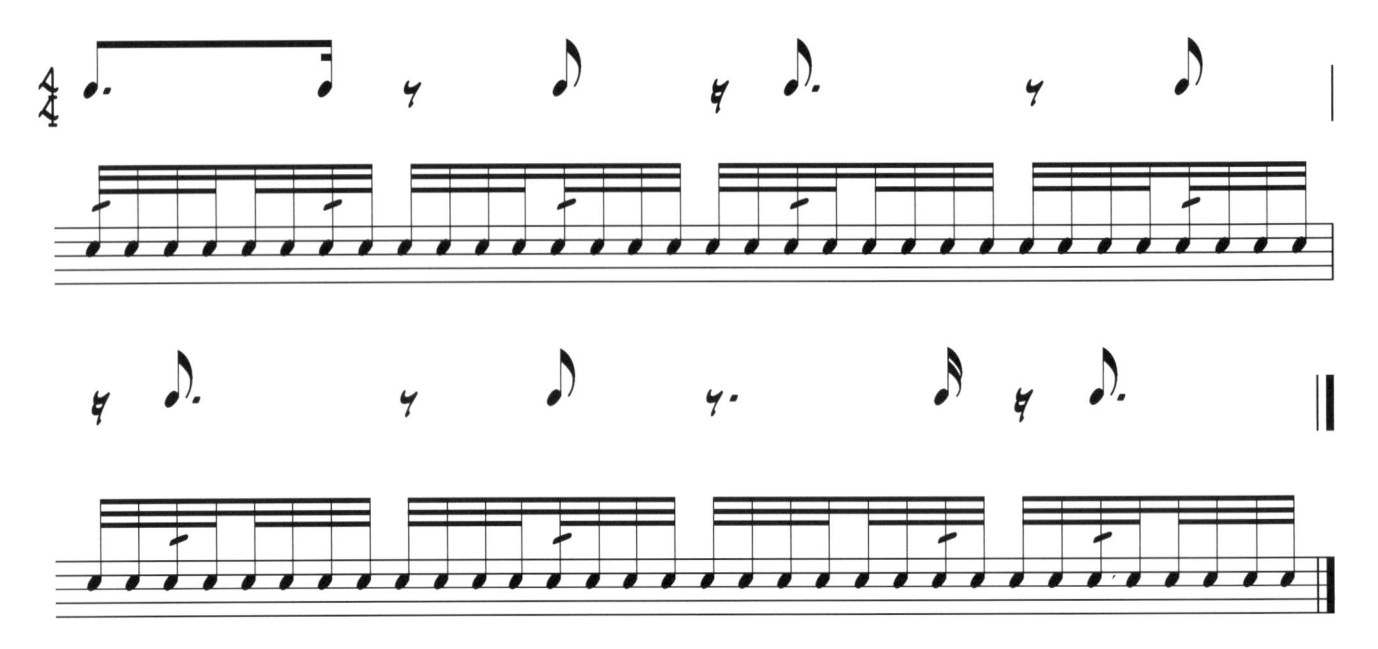

En este caso, la mecánica es igual que en el ejercicio anterior.
Ahora rellena los compases con fusas. Al hacer esto, la abreviatura afectaría a una fusa, que en este caso tendría que hacer dos semifusas.
Si has entendido correctamente la forma de frasear anterior, deberías llegar a esta conclusión:
La abreviatura suma una nota más, a la nota que lo contiene.

En este caso, fusa con abreviatura, es igual a dos semifusas.
La abreviatura no es más que una ayuda a la hora de escribir, ya que aquí al igual que en las otras formas, tienes las dos formas de escribirlo. Tanto una forma cómo otra afecta a la escritura, nunca al sonido.
Debido a las semifusas, este fraseo lo considero de alta densidad.

Ejemplo 8a-

Frases con fusas y "rulo abierto"

intermedio; ♪

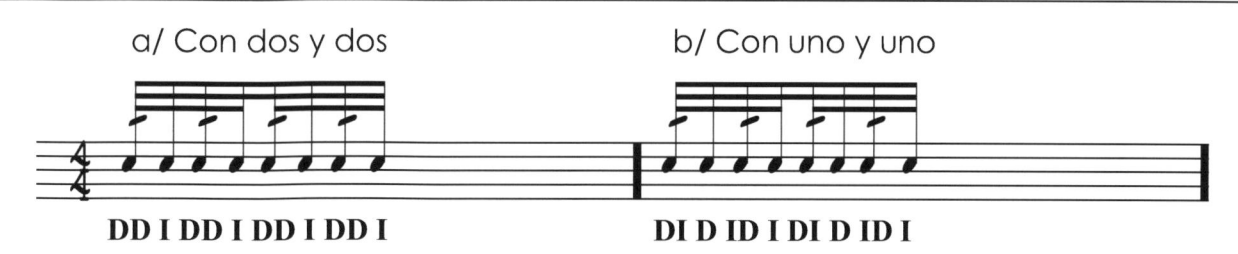

a/ Con dos y dos   b/ Con uno y uno

DD I DD I DD I DD I   **DI D ID I DI D ID I**

Si te das cuenta, el nivel del ejercicio, aumenta considerablemente si lo haces con el ejemplo (b).
Sin embargo, el ejemplo (a) es el más utilizado. Ya que si observas detenidamente todas las semicorcheas, caen en la mano con la que empezaste.

Combinaciones de manos

1- Notas de las frases con dos y dos, DD I I. Relleno uno y uno D I D I. "Legato".

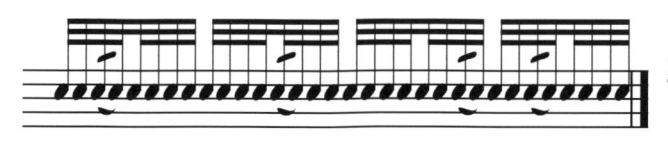

2- Notas de las frases con dos y dos, I I DD. Relleno uno y uno I D I D. "Legato".

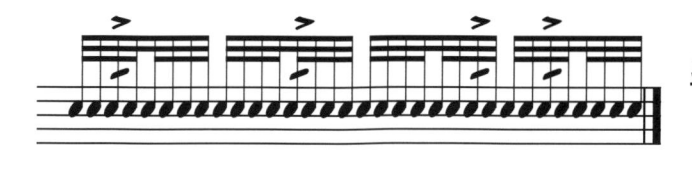

3- Notas de las frases con uno y uno DI DI. Relleno uno y uno D I D I. Basado en ejemplo, b/. "Staccato".

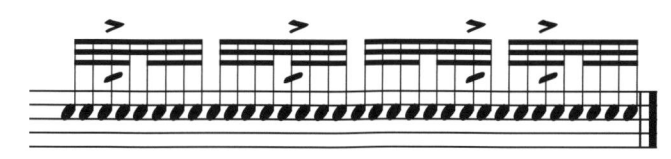

4- Notas de las frases con uno y uno ID ID. Relleno uno y uno I D I D. Basado en ejemplo, b/. "Staccato".

Audio-partitura con página 69

Frases con Fusas y "rulo abierto" Variación I

intermedio; ♪

Forma de frasear 9-

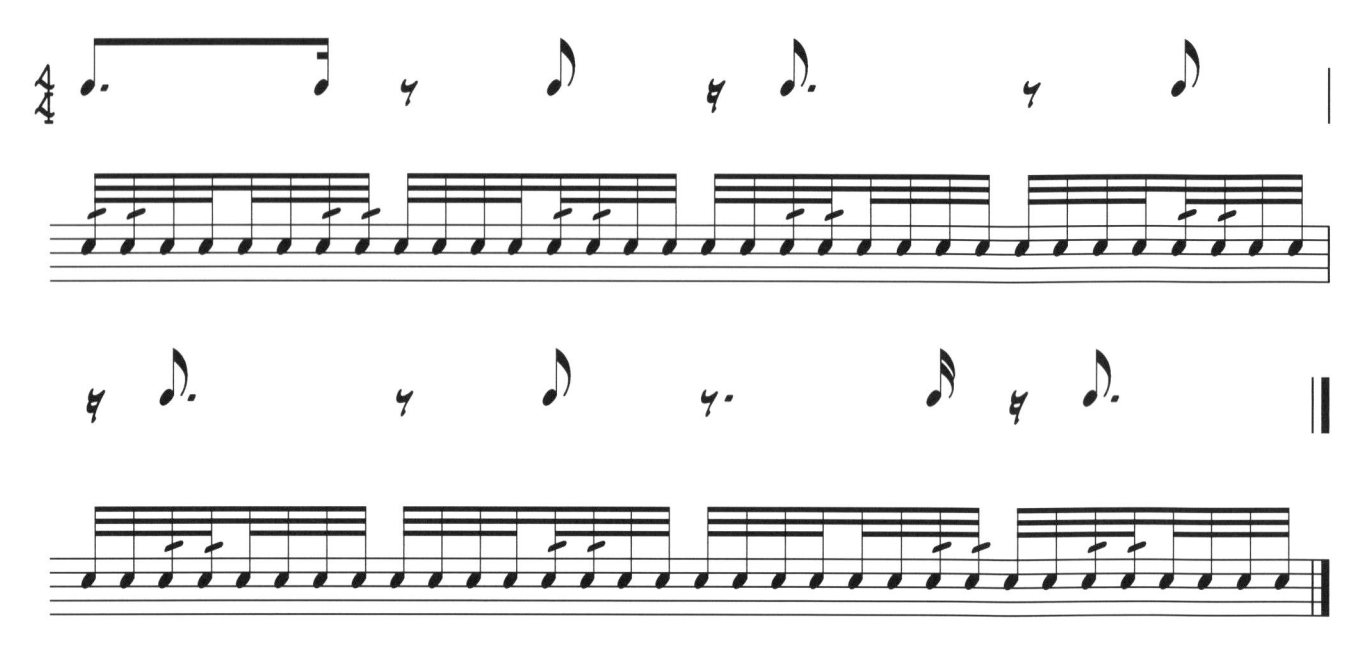

Esta primera variación, tiene la finalidad de poder doblar todo el ejercicio en semifusas. En el ejercicio **8**, nunca podría rellenar todas las notas, ya que las notas (fusas) 2, 4, 6, y 8, seguirían siendo fusas.

Lo que planteo en este fraseo es:

- Las notas de las frases, contendrán la abreviatura lógica que me lleva a doblar esa nota. Pero ahora también doblarás la siguiente (fusa).

Deberías ver que las notas 2, 4, 6, y 8, del grupo de fusas, nunca podrían ser dobladas; A no ser que vengan precedidas de otra abreviatura.

En resumen, el espacio de semicorchea, será rellenado por cuatro semifusas. Es decir, si me encontrase las cuatro semicorcheas en un compás (esto sucederá en las últimas frases de las lecturas), todo el compás estaría relleno de semifusas.

Ejemplo 9a-

27

Frases con Fusas y "rulo abierto" Variación I

intermedio; ♪

a/ Con dos y dos

DD II DD II DD II DD II

b/ Con uno y uno

DI DI DI DI DI DI DI DI

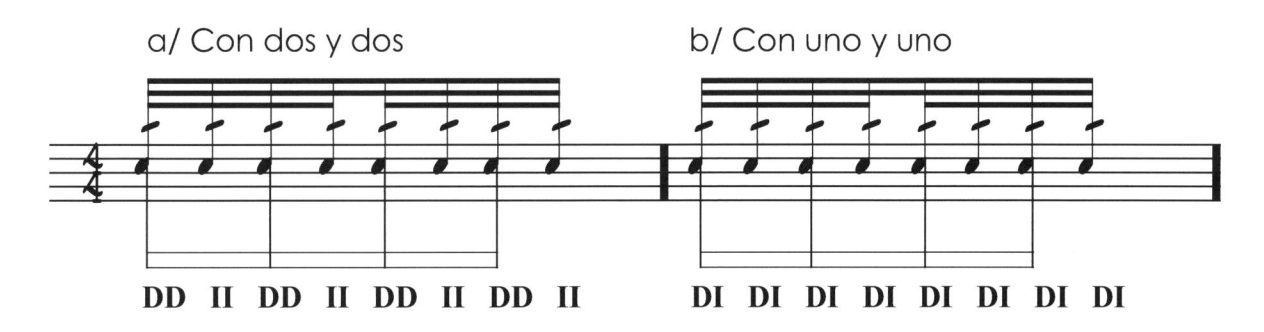

Si te das cuenta el nivel del ejercicio, aumenta considerablemente si lo haces con el ejemplo (b).

Sin embargo, el ejemplo (a) es el más utilizado. Ya que si observas detenidamente todas las semicorcheas, caen en la mano con la que empezaste.

Combinaciones de manos

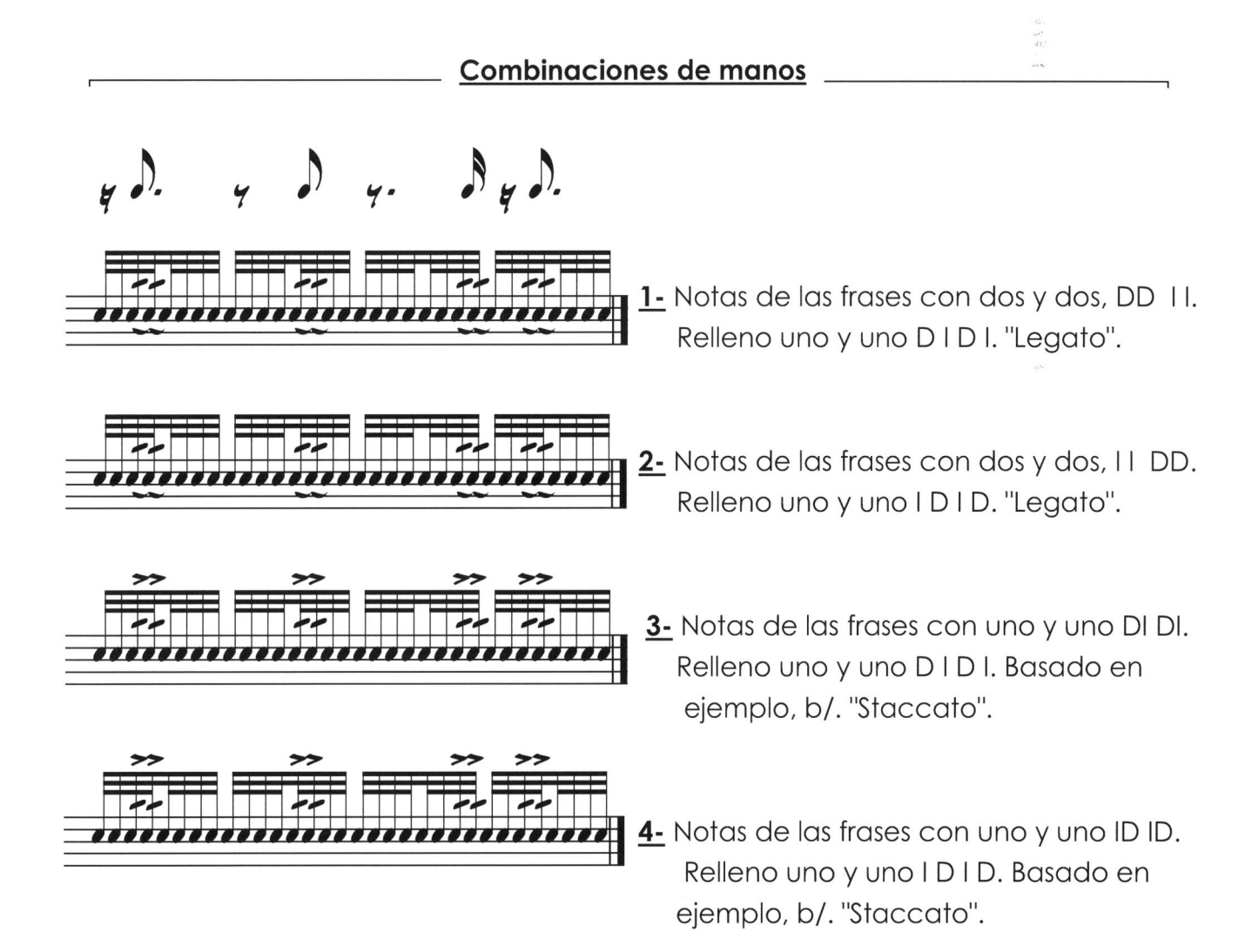

1- Notas de las frases con dos y dos, DD II. Relleno uno y uno D I D I. "Legato".

2- Notas de las frases con dos y dos, II DD. Relleno uno y uno I D I D. "Legato".

3- Notas de las frases con uno y uno DI DI. Relleno uno y uno D I D I. Basado en ejemplo, b/. "Staccato".

4- Notas de las frases con uno y uno ID ID. Relleno uno y uno I D I D. Basado en ejemplo, b/. "Staccato".

| Audio-partitura con página 69 |

Frases con fusas y "rulo abierto"
Variación II

intermedio; ♪♪

Forma de frasear 10-

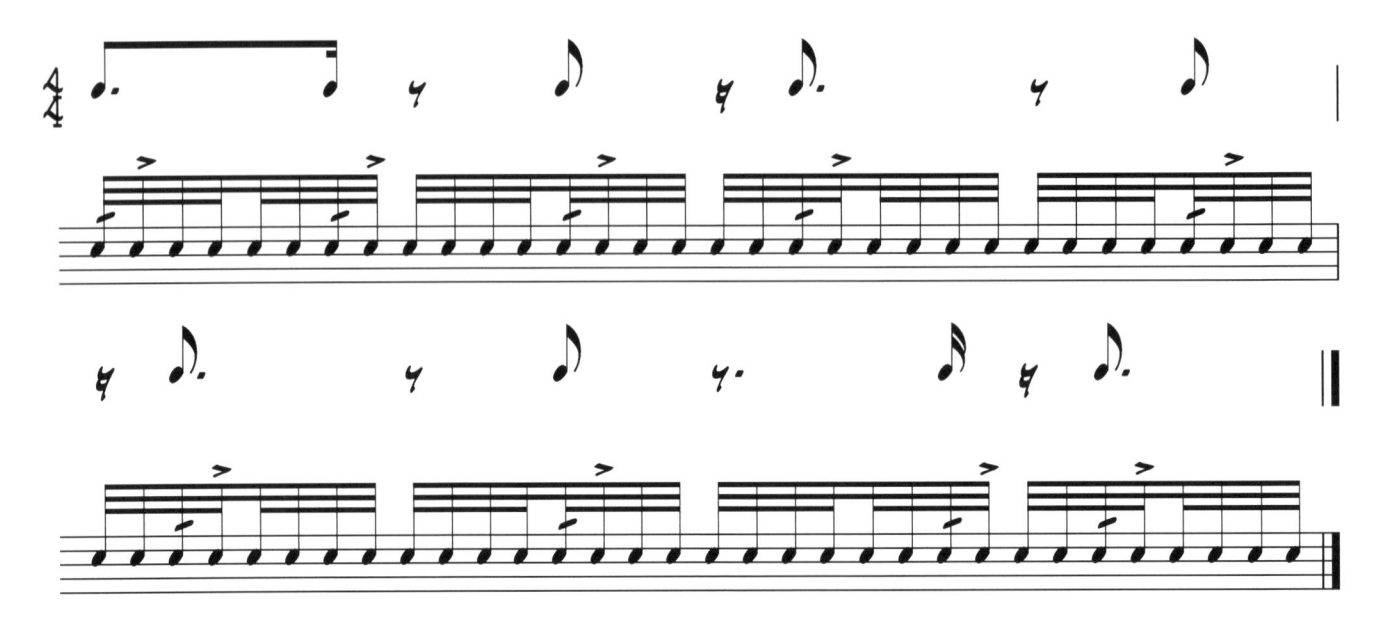

Si en el anterior ejercicio, lo que hacía era doblar las fusas que correspondían a una semicorchea. En este otro, lo que planteo es la posibilidad de acentuar los contratiempos de fusa.

Es decir:
- Ahora la abreviatura, afectaría a la nota que corresponde (forma de frasear **8**), y la fusa siguiente se acentuará (contratiempo de fusa).

Este fraseo si te fijas, lleva implícito un desplazamiento. De ahí que el nivel del ejercicio sea algo más exigente.
En el ejemplo **10a**, todo el movimiento lo toco en timbal, aunque existiría la posibilidad de tocar la abreviatura en caja y el acento en el timbal, o al revés.

Ejemplo 10a-

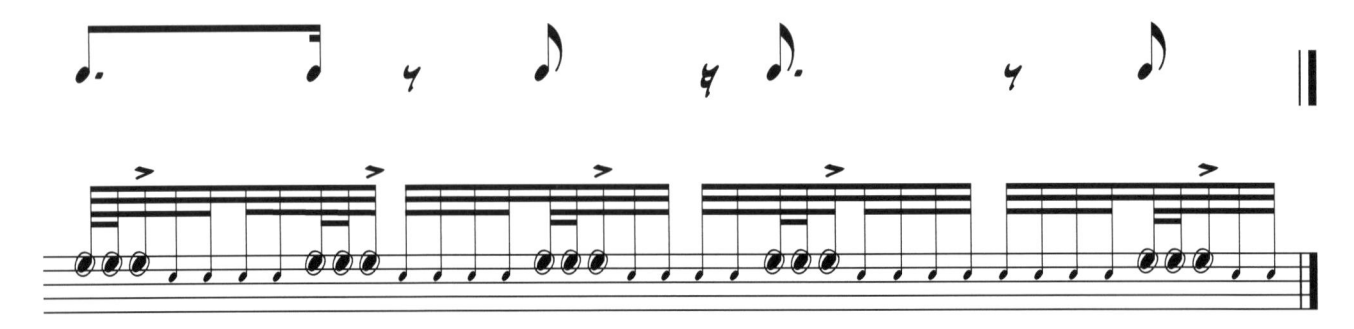

Frases con fusas y "rulo abierto"

Variación II *intermedio;* ♩♪

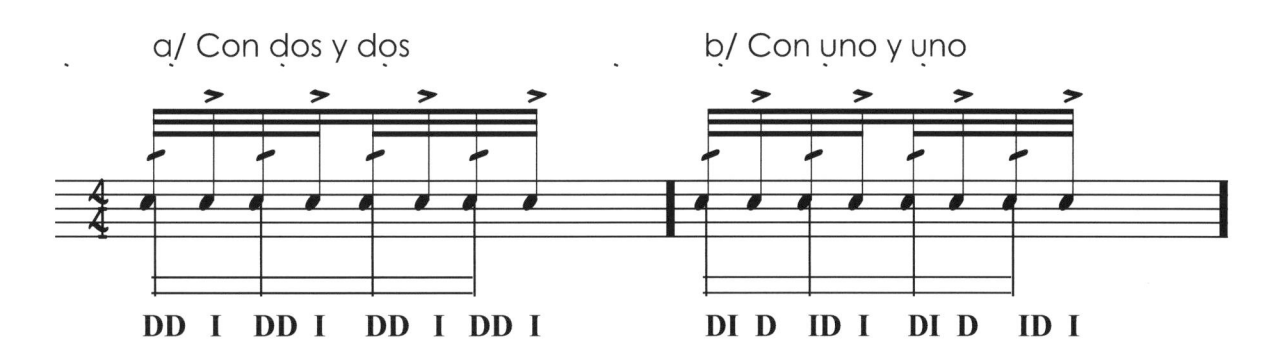

a/ Con dos y dos   **b/ Con uno y uno**

DD I   DD I   DD I   DD I   DI D   ID I   DI D   ID I

Si te das cuenta el nivel del ejercicio, aumenta considerablemente si lo haces con el ejemplo (b).

Sin embargo, el ejemplo (a) es el más utilizado. Ya que si observas detenidamente todas las semicorcheas, caen en la mano con la que empezaste.

Combinaciones de manos

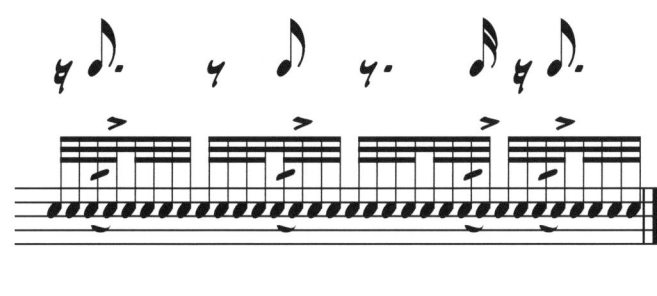

1- Notas de las frases con dos y dos, D D I. Relleno uno y uno D I D I. "Legato".

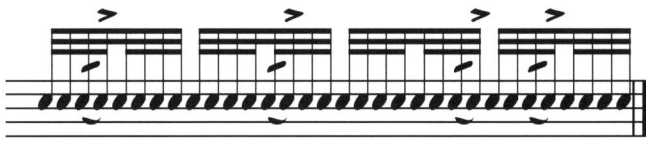

2- Notas de las frases con dos y dos, I I D. Relleno uno y uno I D I D. "Legato".

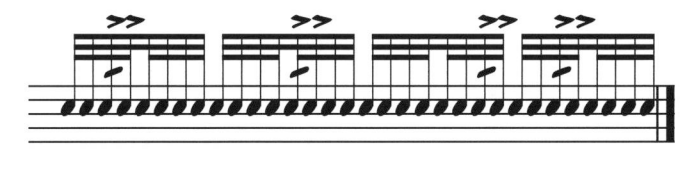

3- Notas de las frases con uno y uno. Relleno uno y uno D I D I. Basado en ejemplo, b/. "Staccato".

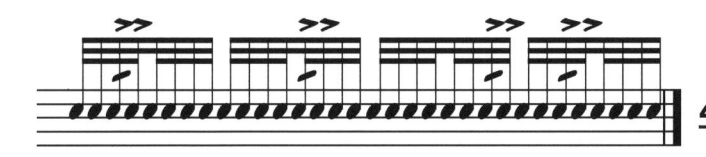

4- Notas de las frases con uno y uno. Relleno uno y uno I D I D. Basado en ejemplo, b/. "Staccato".

| Audio-partitura con página 69 | # Relleno con semicorcheas y "Buzz" (Press-roll) | intermedio; ♪ |

Forma de frasear 11-

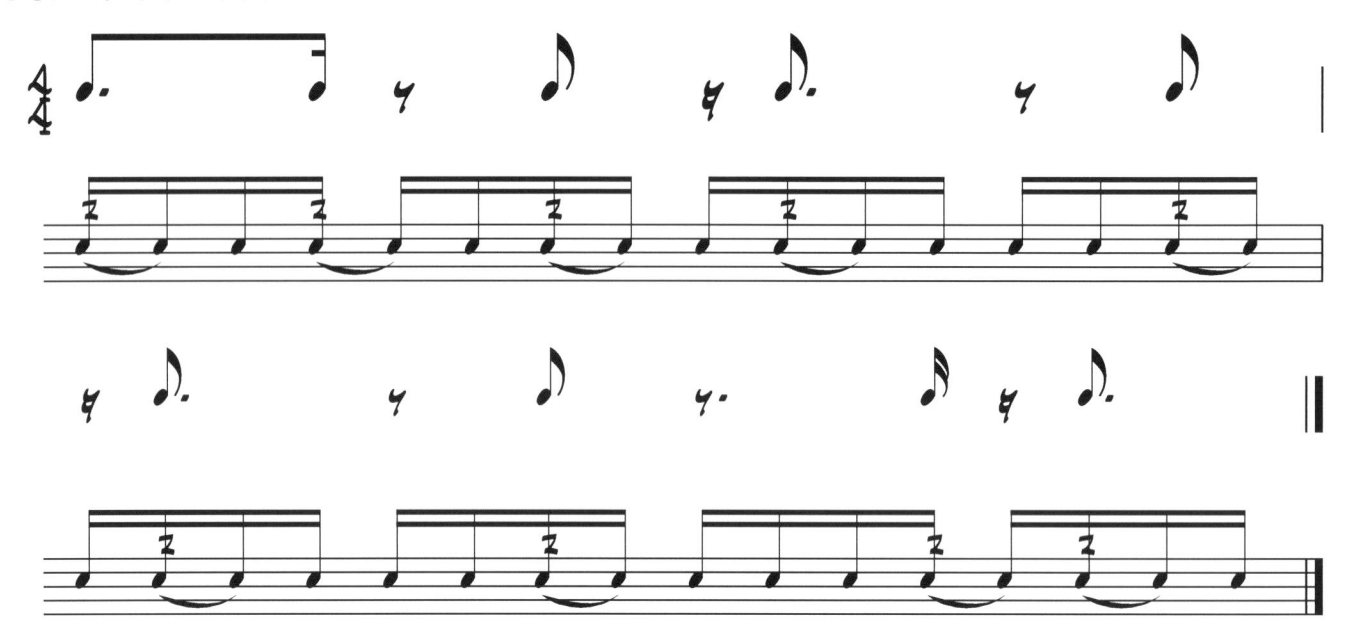

En esta forma de frasear, utilizaremos las notas de las frases para hacer un "Buzz".

Un "Buzz": Es una articulación que afecta a una nota. Ese movimiento es una leve presión que debes de ejercer en esa nota. De manera que se produzca un rebote sobre la superficie que lo hagas.

No confundir con el dos y dos o rulo abierto.
Siempre vendrá indicado con el simbolo "Z", sobre la nota que quiera realizarlo. A su vez siempre debería tocarse "legato" a la nota siguiente.
Podría tocarse también acentuado ("staccato").

Si te paras a pensar detenidamente, este movimiento sí le va a influir sobre qué superficie lo toque. Ya que a mayor tensión de la superficie elegida será más fácil hacer el "Buzz".

Ejemplo 11a-

Relleno con semicorcheas y "Buzz" (Press-roll)

intermedio; ♪

Multiple bounce roll "legato"

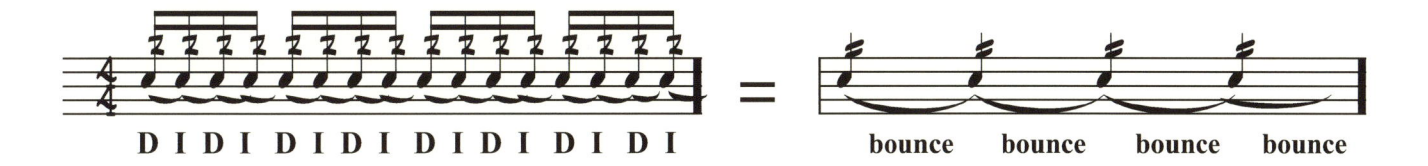

D I D I D I D I D I D I D I D I = bounce bounce bounce bounce

Es difícil explicar gráficamente lo que es un "Multiple bounce roll". Pero lo voy a intentar.

En principio es la sucesión de notas hechas con "Buzz" en cada una. Todas ellas ligadas.
Primeramente el rebote debe de ejercerse en el agarre de la baqueta. Dedos índice y pulgar en el "match grip" o agarre normal. Y pulgar en el agarre tradicional.
Debe de producir un sonido uniforme y ligado.
En los gráficos superiores, te adjunto dos maneras diferentes de escribirlo. Esto ocurrirá cuando te encuentres las cuatro semicorcheas en un tiempo. En el primer compás te pongo todas las notas con "Buzz" y las ligo para que se produzca el "legato". En el siguiente compás, lo que hago es poner la abreviatura que corresponde para doblar esa nota (negra/semicorchea), y lo ligo. Y lo más importante, tengo que indicar si el rulo es abierto o cerrado ("open" o "bounce").

Combinaciones de manos

Las combinaciones de manos, parten de tocar con uno y uno.
Empezarás con derecha si eres diestro y con izquierda si eres zurdo. Cuando empieces a tocar las frases del libro, ejecutarás la articulación en la mano que corresponda.

D I D I D I D I D I D I D I D I

1- D I D I. Diestro.

I D I D I D I D I D I D I D I D

2- I D I D. Zurdo.

| Audio-partitura con página 69 | # Relleno con fusas y "Buzz" (Press-roll) | intermedio; ♪ |

Forma de frasear 12-

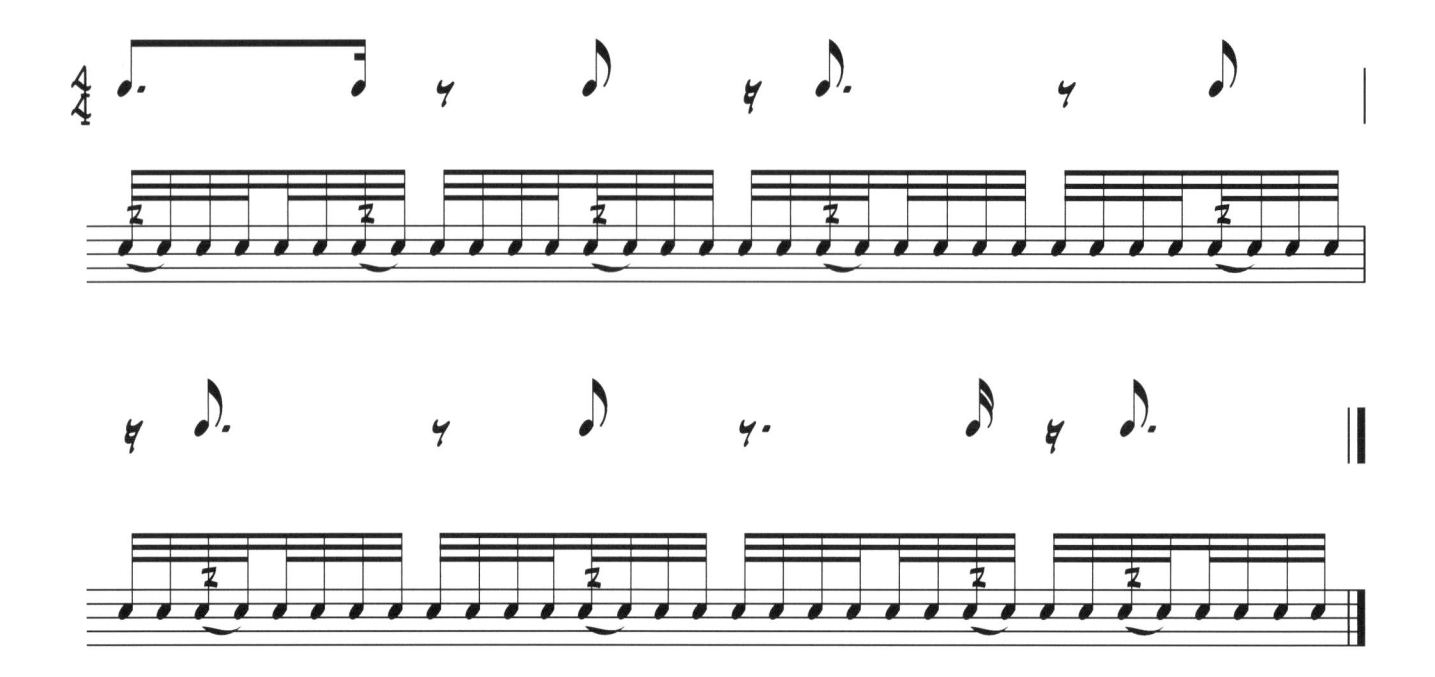

Aquí la complejidad estriba en la densidad de notas y la incorporacion del "Buzz".

Lo primero que debes de hacer es rellenar todos los compases con fusas, luego procede a ejecutar el "Buzz" en la nota que corresponde.

En el ejemplo **12a**, toco la nota articulada en el timbal agudo.

Ejemplo 12a-

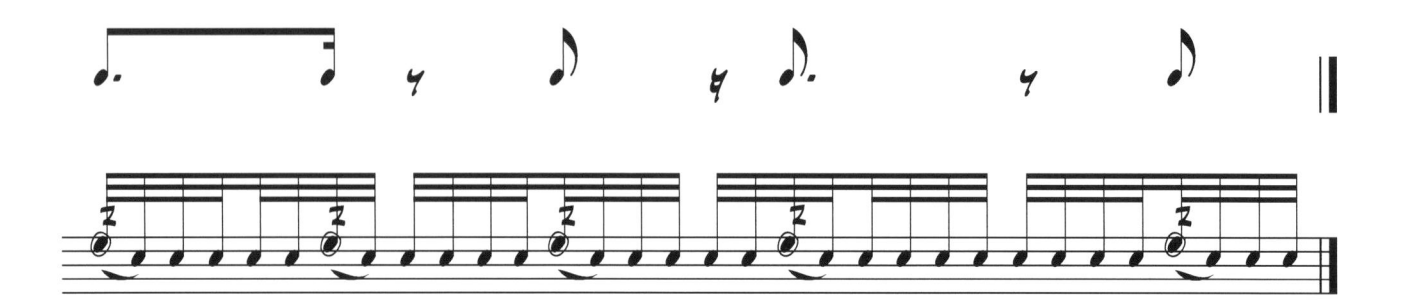

Relleno con fusas y "Buzz" (Press-roll)

intermedio; ♪

Variación Multiple bounce roll "legato"

sigue...

D I   D I   D I   D I   D I   D I   D I   D I

La variación que estás viendo en el gráfico superior, te indica que en el caso que un compás contenga todas las semicorcheas, tendré que hacer el compás de esa manera.
Como ves no se produce el "multiple bounce roll", ya que en la 2ª, 4ª, 6ª y 8ª fusa no se puede producir el efecto con "Buzz". No en este ejercicio, sí en su variación.

Además si observas la combinación de manos (diestro), verás que todas las blancas, negras, corcheas y semicorcheas caen en la mano con la que empecé.

Combinaciones de manos

Las combinaciones de manos, parten de tocar con uno y uno.
Empezarás con derecha si eres diestro y con izquierda si eres zurdo. Cuando empieces a tocar las frases del libro, ejecutarás la articulación en la mano que corresponda.

DIDI DIDI DIDI DIDI DIDI DIDI DIDI DIDI

1- D I D I D I D I. Diestro.

IDID IDID IDID IDID IDID IDID IDID IDID

2- I D I D I D I D. Zurdo.

Relleno con fusas y "Buzz" (Press-roll)

Variación I

Audio-partitura con página 69

intermedio; ♪♪

Forma de frasear 13-

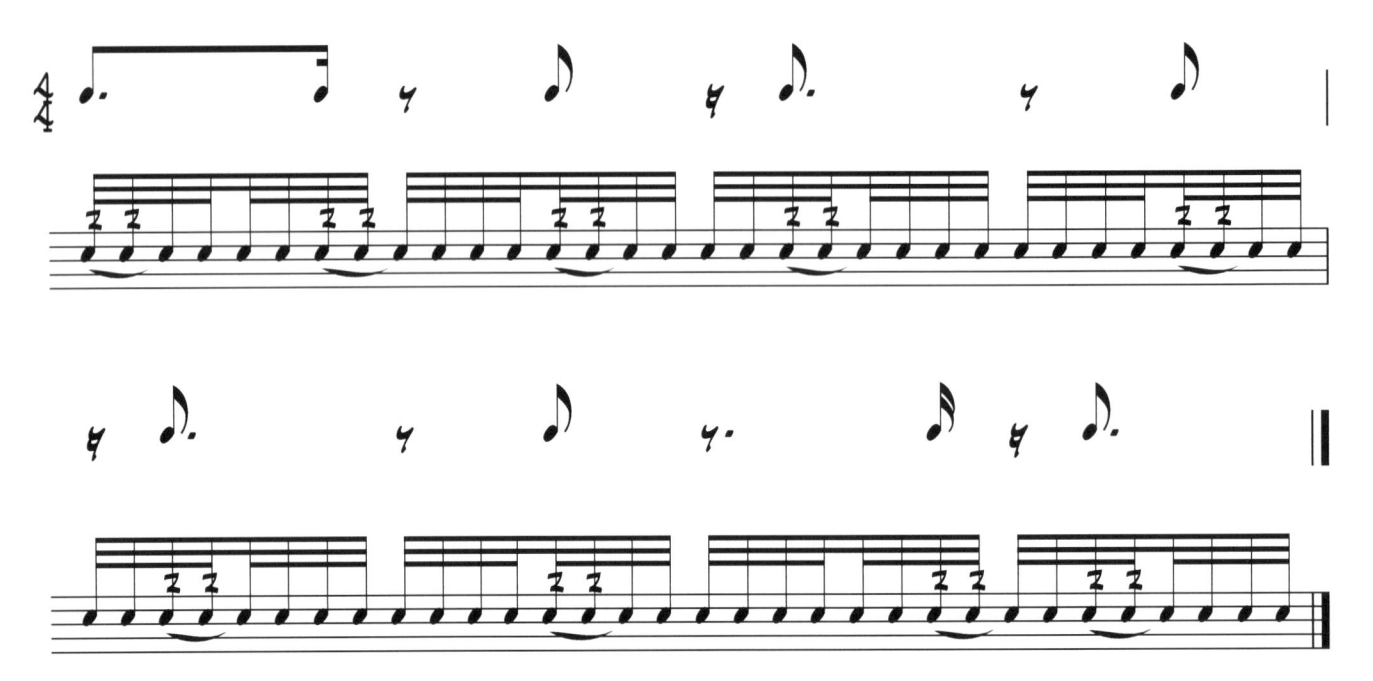

El objetivo inicial de este ejercicio es controlar el "Multiple bounce roll" o rulo cerrado. En la forma de frasear anterior nunca podría efectuar el "Buzz" para que se convirtiese en "multiple bounce roll" ya que solo se verían afectadas las notas impares.
Lo que te propongo, tiene la finalidad de afectar a todas las fusas.
Ahora el espacio de semicorchea lo rellenaría con "Multiple bounce roll". Es decir las dos fusas que corresponden a ese espacio se articularán.

En el gráfico inferior, te adjunto otra manera de escribir el ejercicio. En el gráfico superior, te pongo "Buzz" en todas las notas que correspondan y las ligo todas para que se produzca el "legato". En el inferior, lo que hago es poner la abreviatura que corresponde para doblar esa nota (semicorchea/fusa), y lo ligo. Y lo más importante, tengo que indicar si el rulo es abierto o cerrado ("open" o "bounce").

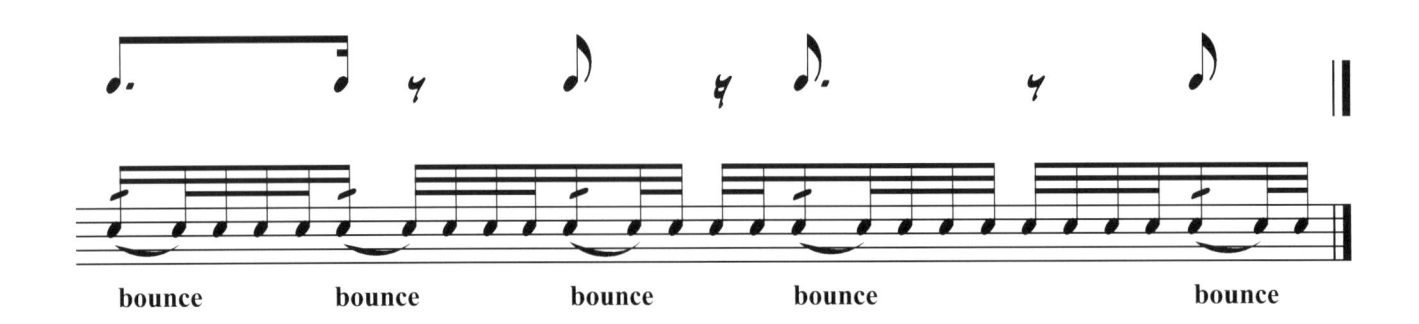

bounce   bounce   bounce   bounce   bounce

Relleno con fusas y "Buzz" (Press-roll)

Variación I *intermedio;* ♪♪

Multiple bounce roll "legato"

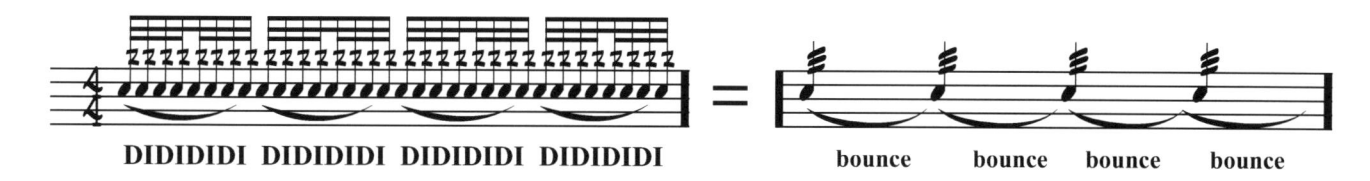

DIDIDIDI DIDIDIDI DIDIDIDI DIDIDIDI = bounce bounce bounce bounce

Ahora con este ejercicio, sí vas a poder realizar el "Multiple bounce roll" entero en algunos compases. Si observas te he escrito las dos formas:
Con abreviatura (negra/fusa) y sin ella.
En el ejemplo del gráfico superior, cuando en algun compás de las frases vengan escritos los cuatro grupos de semicorcheas.

Combinaciones de manos

Las combinaciones de manos, parten de tocar con uno y uno.
Empezarás con derecha si eres diestro y con izquierda si eres zurdo. Cuando empieces a tocar las frases del libro, ejecutarás la articulación en la mano que corresponda.

DI DI DIDI DIDI DIDI DIDI DIDI DIDI DIDI

1- D I D I D I D I. Diestro.

ID ID IDID IDID IDID IDID IDID IDID IDID

2- I D I D I D I D. Zurdo.

Relleno con seisillos y "Buzz" (Press-roll)

Audio-partitura con página 69

intermedio; ♪♪♪

Forma de frasear 14-

Aquí la complejidad estriba en el relleno de seisillo, en la densidad de notas y la incorporación del "Buzz".

Lo primero que debes de hacer es rellenar todos los compases con seisillos, luego procede a ejecutar el "Buzz" en la nota que corresponde.

En el ejemplo **14 a**, toco la nota articulada en el timbal agudo.

Ejemplo 14a-

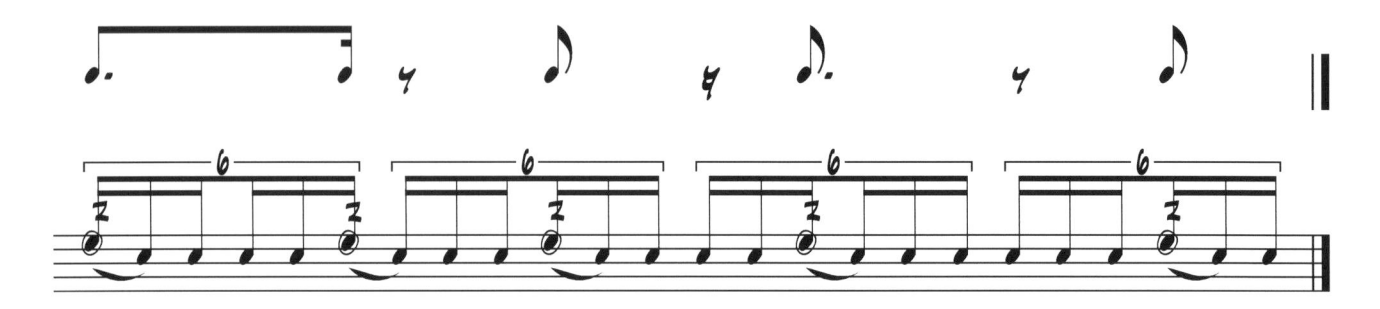

Relleno con seisillos y "Buzz" (Press-roll)

intermedio; ♪♪♪

Variación Multiple bounce roll "legato"

D I D I D I D I D I D I

La variación que estás viendo en el gráfico superior, te indica que en el caso que un compás contenga todas las semicorcheas, tendré que hacer el compás de esa manera.
Como ves, no se produce el "multiple bounce roll", ya que en la 2ª y 5ª semicorchea del grupo aseisillado no se puede producir el efecto con "Buzz".
Observa la combinación de manos que he puesto, ya que ahora debido al relleno de seisillos la articulación caerá también en la izquierda (3ª y 4ª semicorchea).

Combinaciones de manos

Las combinaciones de manos, parten de tocar con uno y uno.
Empezarás con derecha si eres diestro y con izquierda si eres zurdo. Cuando empieces a tocar las frases del libro, ejecutarás la articulación en la mano que corresponda.

D I D I D I D I D I D I D I D I

1- D I D I D I . Diestro.

I D I D I D I D I D I D I D I D

2- I D I D I D . Zurdo.

| Audio-partitura con página 69 | # Relleno con semicorcheas y "Multiple bounce roll"
intermedio; ♪

Escritura 1:   **Escritura 2:**

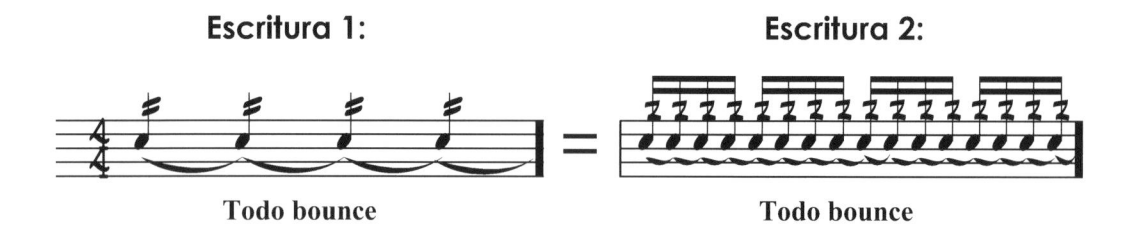

Todo bounce = Todo bounce

En los anteriores formas de frasear, lo que hacías era incorporar a las notas de las frases un "Buzz".
Esta articulación solo afectaba a una nota. A su vez según me encontraba frases con más notas, los rulos que se iban produciendo hacían que su duración en el compás y en sus tiempos se prolongase cada vez más.
Bien. Una vez hecho eso, el fraseo que vamos a realizar sería al contrario. Ahora ejecutarás un relleno de semicorcheas, y todo ese relleno lo articularás cómo "Multiple bounce roll". A su vez, las notas de las frases las acentuarás.

Creo conveniente explicarte, que para mí el nivel del ejercicio y el nivel de la escritura que debo de utilizar, es desproporcionado. Ya que el ejercicio es relativamente fácil comparándolo con su escritura. Esta es más compleja.
En este caso utilizo escritura 2. Es decir todas las semicorcheas escritas y cada una de ellas con su articulación. Notas de las frases con acentos. Relleno con "Buzz" (Press-roll ligado).

Forma de frasear 15-

bounce   bounce   bounce   bounce   bounce

bounce   bounce   bounce   bounce   bounce

Relleno con semicorcheas y "Multiple bounce roll"

intermedio; ♪

Ejemplo 15a-

Ejemplo 15b-

En las orquestaciones, observa que con plato y bombo es más difícil. Ya que tienes que levantar los brazos para ejecutar el movimiento, y luego tendrás que bajarlos para seguir haciendo el "Multiple bounce roll".

Este fraseo funciona a velocidades rápidas. Ya que si quieres conseguir sonidos uniformes y ligados con tu rulo cerrado, la presión que debes de ejercer en cada nota tiene un límite.

Combinaciones de manos

1- D I D I   D I D I. (Basado en uno y uno diestro).

2- I D I D   I D I D. (Basado en uno y uno zurdo)

Relleno con fusas y "Multiple bounce roll"

Audio-partitura con página 69

intermedio;

Escritura 1: Todo bounce

Escritura 2: Todo bounce

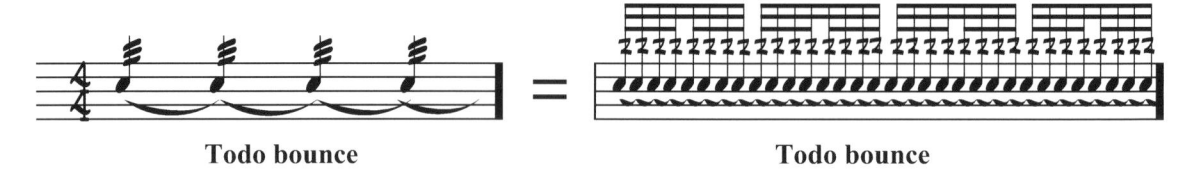

En esta forma de frasear, lo que harás es un relleno de fusas y todo ese relleno irá articulado con "Multiple bounce roll". A su vez, las notas de las frases las acentuarás. En el ejemplo **16**, lo he escrito con escritura 2. Es decir todas las fusas escritas y cada una de ellas con su articulación. Notas de las frases con acentos. Relleno con "Buzz" (Press-roll ligado).

Forma de frasear 16-

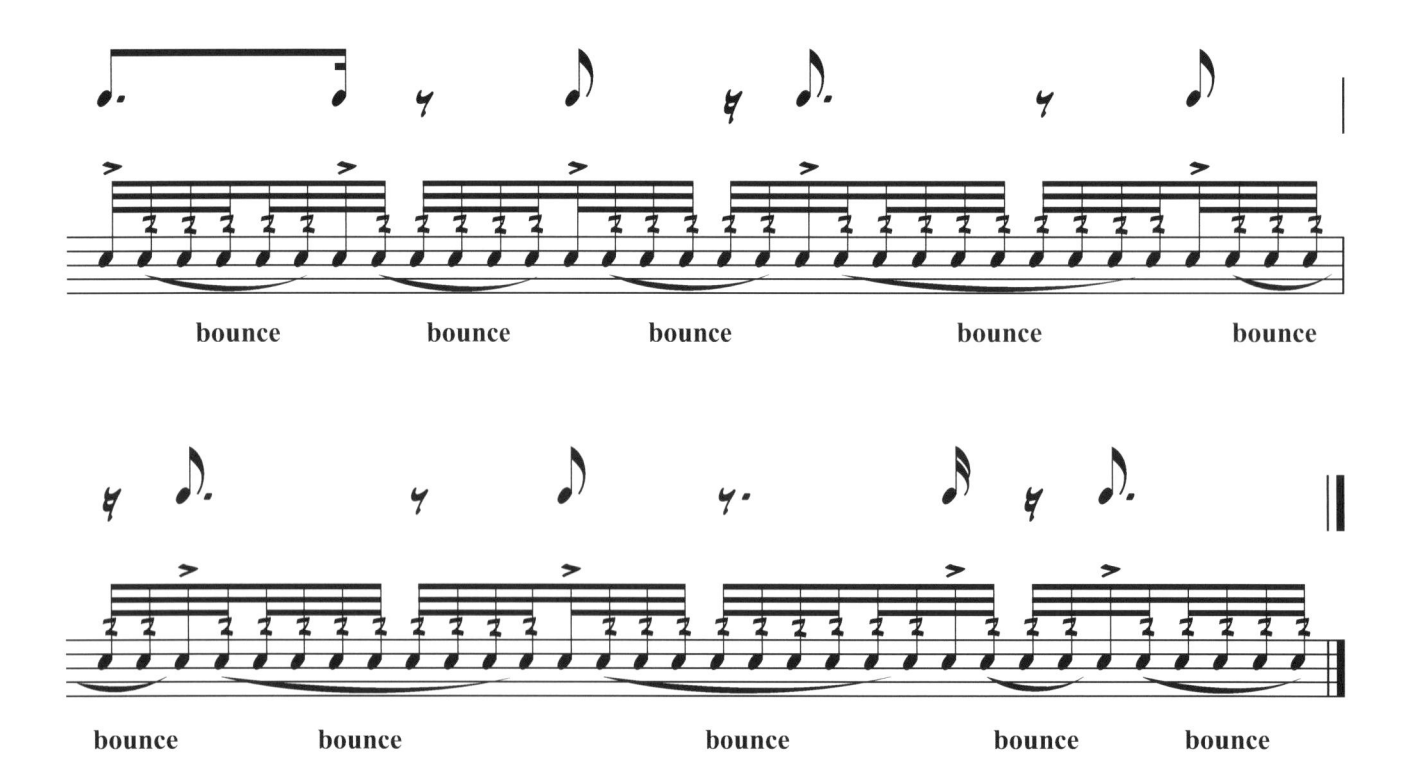

bounce   bounce   bounce   bounce   bounce

bounce   bounce   bounce   bounce   bounce

Relleno con fusas y "Multiple bounce roll"

intermedio;

Ejemplo 16a-

Ejemplo 16b-

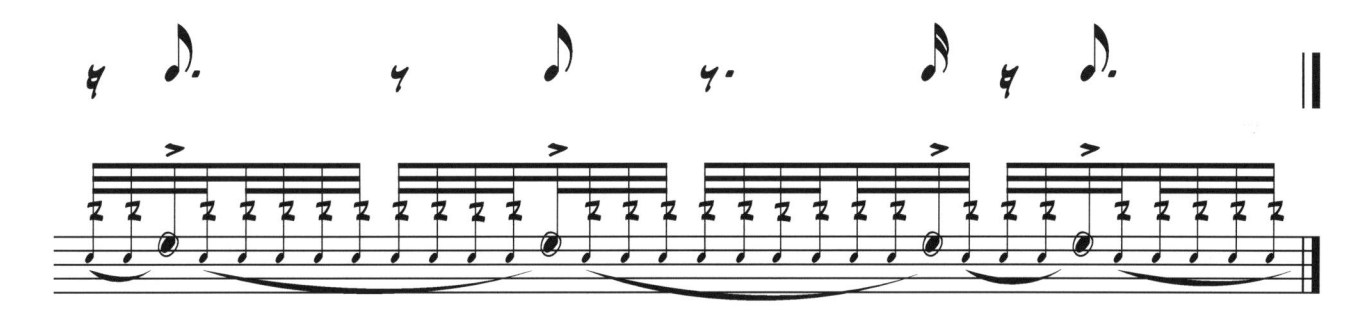

En las orquestaciones, observa que con plato y bombo es más difícil. Ya que tienes que levantar los brazos para ejecutar el movimiento, y luego tendrás que bajarlos para seguir haciendo el "Multiple bounce roll".
Este fraseo funciona a velocidades rápidas. Teniendo en cuenta, que estás tocando fusas. Y recuerda, que si quieres conseguir sonidos uniformes y ligados con tu rulo cerrado, la presión que debes de ejercer en cada nota tiene un límite.

Combinaciones de manos

1- D I D I D I D I. (Basado en uno y uno diestro).

2- I D I D I D I D. (Basado en uno y uno zurdo).

| Audio-partitura con página 69 | # Relleno con seisillos y "Multiple bounce roll" | intermedio; ♪♪♪ |

Escritura 1:

Todo 6 stroke bounce

=

Escritura 2:

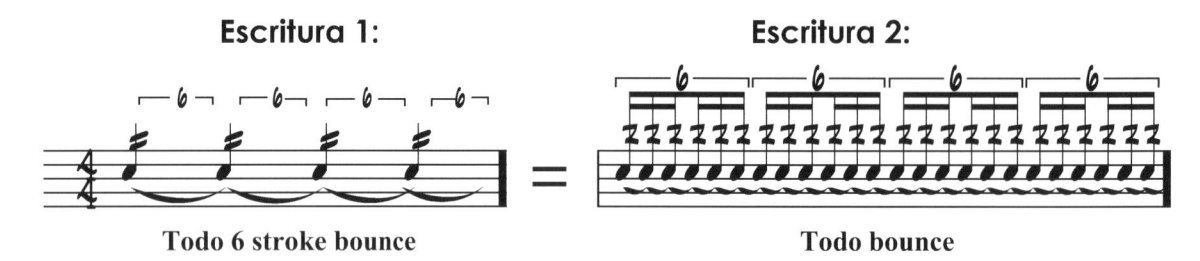

Todo bounce

En esta forma de frasear, lo que harás es un relleno de seisillos y todo ese relleno irá articulado con "Multiple bounce roll". A su vez, las notas de las frases las acentuarás. En el ejemplo **17**, lo he escrito con escritura 2. Es decir todo el seisillo escrito y cada una de las notas con su articulación. Notas de las frases con acentos. Relleno con "Buzz" (Press-roll ligado).

Forma de frasear 17-

bounce bounce bounce bounce bounce

bounce bounce bounce bounce bounce

En el gráfico inferior, te incorporo un ejemplo basado en escritura 1.
Aunque no lo parezca es el primer compás del ejercicio. La única salvedad es que contiene abreviaturas y puntillos en un grupo aseisillado. Como ves la mecánica del fraseo es más sencilla que su escritura. Abreviatura, poco o nada usual.

bounce bounce bounce bounce bounce bounce bounce bounce

Relleno con seisillos y "Multiple bounce roll"

intermedio;

Ejemplo 17a-

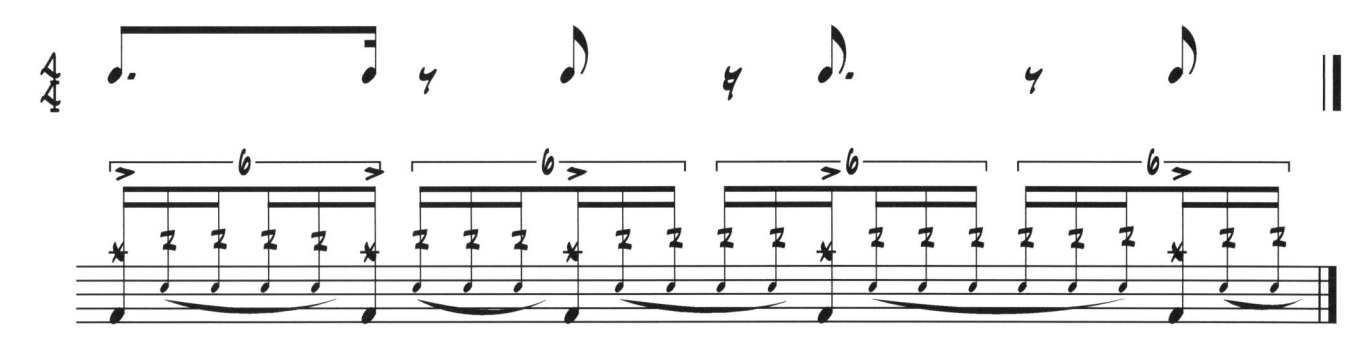

Ejemplo 17b-

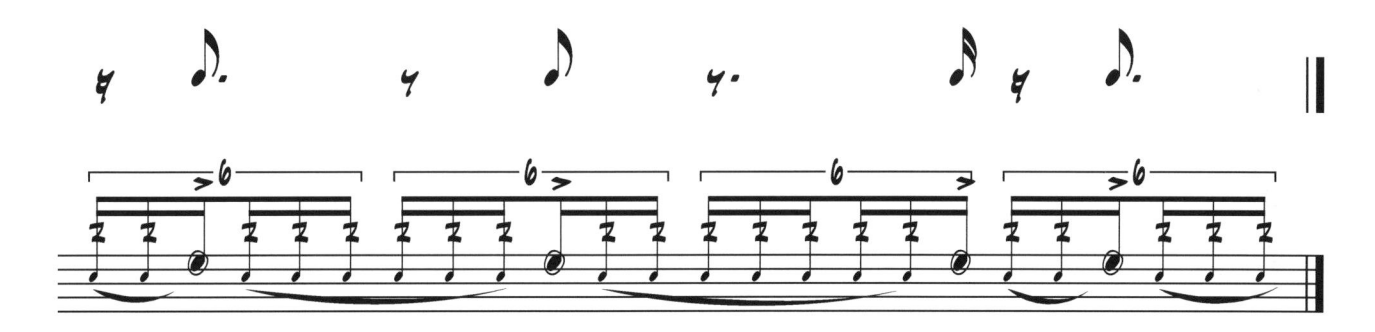

En las orquestaciones, observa que con plato y bombo es más difícil. Ya que tienes que levantar los brazos para ejecutar el movimiento, y luego tendrás que bajarlos para seguir haciendo el "Multiple bounce roll".

Este fraseo funciona a velocidades rápidas. Ya que si quieres conseguir sonidos uniformes y ligados con tu rulo cerrado, la presion que debes de ejercer en cada nota tiene un limite.

La velocidad del metrónomo, va a depender de dos factores:

Por un lado, la velocidad con la que puedas introducir el grupo aseisillado. Y por otro, La articulación. En esta forma de frasear, con "Multiple bounce roll".

Combinaciones de manos

1- D I D I D I . (Basado en uno y uno diestro).

2- I D I D I D . (Basado en uno y uno zurdo).

Rellenar y doblar
(semicorchea/fusa)

Audio-partitura con página 69

principiante; ♪♪♪

Forma de frasear 18-

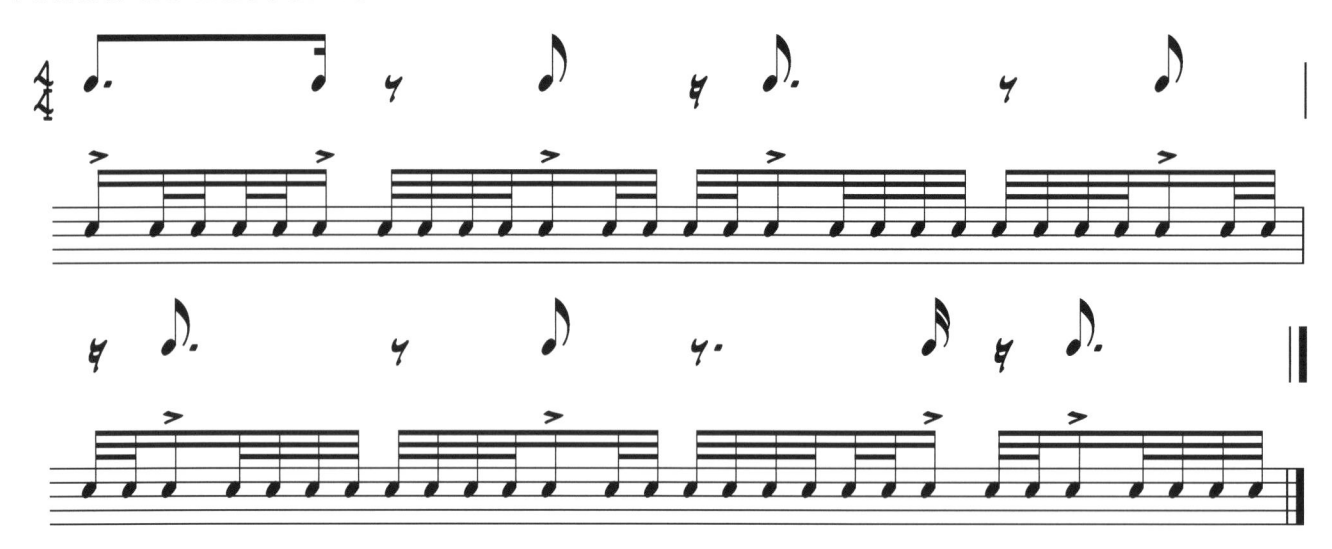

En la forma de frasear **1**, lo que hiciste fue rellenar con semicorcheas todos los compases y acentuar la nota que correspondía.

Bien. Una vez hecho eso, que en esta forma de frasear sería el primer paso, lo que harás a continuación será doblar esas semicorcheas que no van acentuadas.

Es decir: **Dos fusas por cada silencio de semicorchea.**

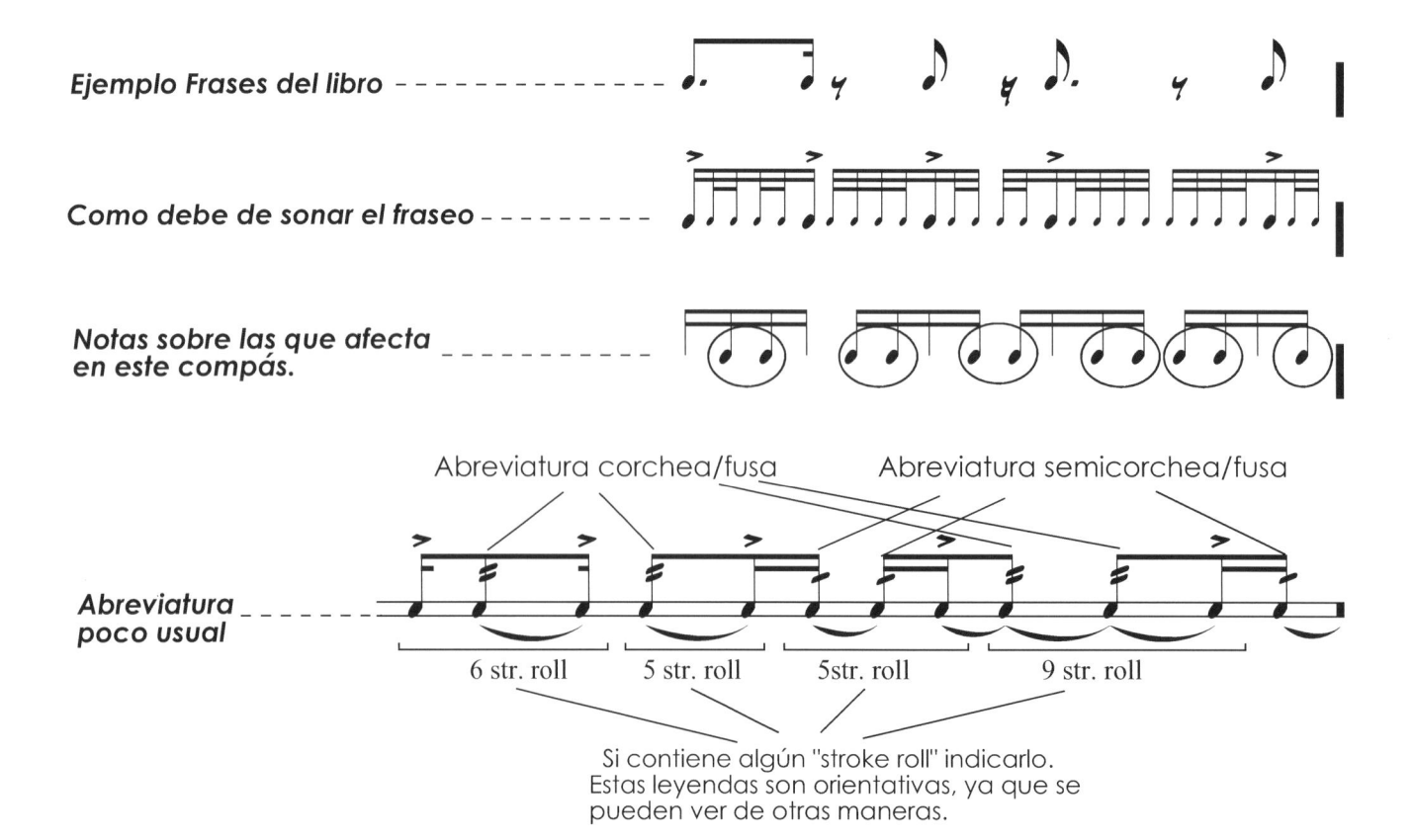

Ejemplo Frases del libro - - - - - - - - -

Como debe de sonar el fraseo - - - - - -

Notas sobre las que afecta en este compás. - - - - - -

Abreviatura poco usual - - - - -

Abreviatura corchea/fusa   Abreviatura semicorchea/fusa

6 str. roll   5 str. roll   5 str. roll   9 str. roll

Si contiene algún "stroke roll" indicarlo. Estas leyendas son orientativas, ya que se pueden ver de otras maneras.

45

Rellenar y doblar
(semicorchea / fusa)

principiante; ♪♪♪

Ejemplo 18a-

Ejemplo 18b-

En esta forma de frasear, si te fijas en su proceder y su abreviatura, deberías haber trabajado antes algunos o todos los "Stroke roll" (rudimentos). Ya que si bien en el ejemplo anterior, te escribí algunos. No deja de ser mi punto de vista. Lo podrías ver también de otras maneras.

Esta forma de frasear la considero de media densidad.
Considero media densidad, cuando la semicorchea se dobla con valor de fusa.
Es decir su subdivision natural.

En cuanto a las combinaciones, la 1 y la 3 serían las más lógicas para un diestro. Mientras que la 2 y la 4, serían para un zurdo.

Combinaciones de manos

1- Relleno con D D y I I (Basado en el dos y dos).
   Acentos semicorcheas con D I D I.
2- Relleno con I I y D D (Basado en el dos y dos).
   Acentos semicorcheas con I D I D.
3- Relleno y acentos con D I D I (Basado en uno y uno).
4- Relleno y acentos con I D I D (Basado en uno y uno).

Audio-partitura con página 69

Rellenar y doblar con "Bounce roll"
(semicorcheas/fusas)

intermedio; ♪

Forma de frasear 19-

Esta forma de frasear es idéntica al ejercicio anterior. Todo igual, valor de las figuras y mecánica.
La única salvedad es que el otro ejercicio estaba pensado para ejecutar con "open roll".
Mientras que este debes de hacerlo con "Bounce roll" o "closed roll".

Lo explicado anteriormente sobre la abreviatura afectaría también a este ejercicio. Solo que en este caso debería ser tocado con "Multiple bounce roll"

6 str. roll bounce   5 str. roll bounce   5 str. roll bounce   9 str. roll bounce

Rellenar y doblar con "Bounce roll"
(semicorcheas /fusas)

intermedio; ♪

Ejemplo 19a-

Ejemplo 19b-

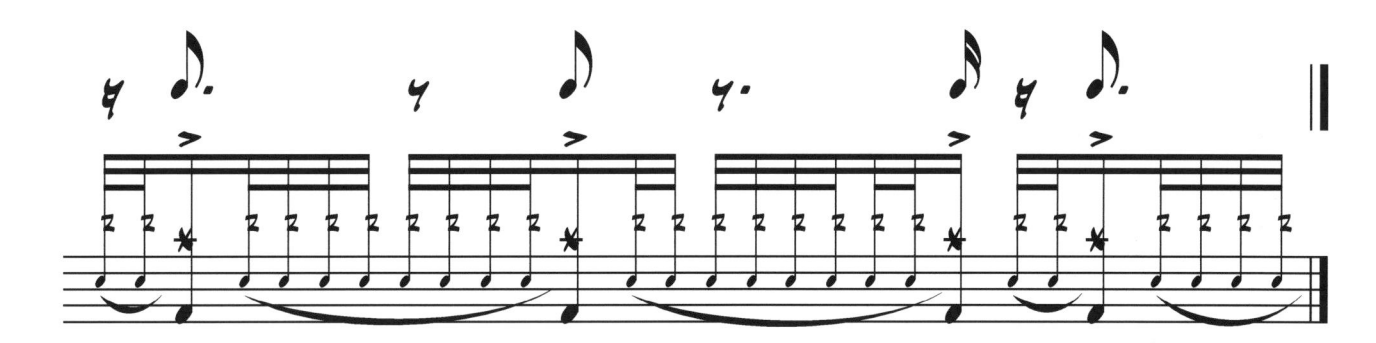

Esta forma de frasear la considero de media densidad.
Considero media densidad. Cuando incorporo fusas en un espacio de semicorchea. Esta si es su subdivision natural.
Por la densidad de notas por compás, es que considero el fraseo de media densidad. No por su dificultad, ya que este movimiento es más complejo que el realizado con "Open roll".
En cuanto a las combinaciones de manos, fijate que ahora tienes menos combinaciones.
Eso es debido, a que como has venido haciendo hasta ahora siempre que tengas que hacer el "Bounce roll" tendrás que plantearlo con uno y uno ("Single stroke").
En el ejercicio anterior, te incorporé otras combinaciones que afectaban al fraseo.
En esta forma de frasear no podrás hacer las que contengan "Double stroke".

Combinaciones de manos

1- D I D I D I D I ... Tambien relleno.(Basado en uno y uno)

2- I D I D I D I D ... Tambien relleno.(Basado en uno y uno)

Audio-partitura con página 69

Rellenar y doblar
(Dos semicorcheas/tresillo de semicorchea) intermedio;

Forma de frasear 20-

Esta forma de frasear se basa en introducir un tresillo de semicorcheas en el espacio de dos semicorcheas.
Es decir: **Un tresillo de semicorcheas por cada dos semicorcheas.**
Para hacer este ejercicio se tienen que cumplir una serie de requisitos, que deberás tener claro:
  -El primero, es que una vez que estés ejecutando el relleno de semicorcheas, deberás ir visualizando en qué células rítmicas por tiempos podrías realizar el movimiento.
  -El segundo, es decidir qué quieres hacer en las células rítmicas que no se cumpla la norma para introducir el tresillo de semicorcheas.
En este caso, he decidido seguir con el relleno de semicorcheas y ejecutar los acentos donde correspondan.
En la siguiente forma de frasear te incorporaré todas las células rítmicas en las cuales podría introducir el tresillo de semicorcheas. En este, la intención es hacerlo muy funcional, y por eso solo hay cuatro células rítmicas

Primera semicorchea:
Efecto sobre las dos últimas

Tercera semicorchea:
Efecto sobre las dos primeras

Primera y segunda semicorchea:
Efecto sobre las dos últimas.

Tercera y cuarta semicorcheas:
Efecto sobre las dos primeras.

Rellenar y doblar
(Dos semicorcheas /tresillo de semicorchea) intermedio; ♪

Ejemplo 20a-

Ejemplo 20b-

Cuando tengas clara la mecánica del fraseo, procede a orquestarlo.
Fíjate que en el ejemplo **20b**, he optado por otra orquestación. En este caso el movimiento atresillado lo orquesto en los timbales. No así los acentos, que los toco en caja.
Esta forma de frasear la considero de baja densidad.
Considero baja densidad. Cuando en dos semicorcheas se introduce un tresillo de semicorcheas. Esta no es su subdivisión natural.
En cuanto a las combinaciones, estas están basadas en uno y uno y son las más recomendables. Pero debes de tener en cuenta, que cada vez que introduces un tresillo, la combinación de manos cambia de diestro a zurdo. O viceversa.

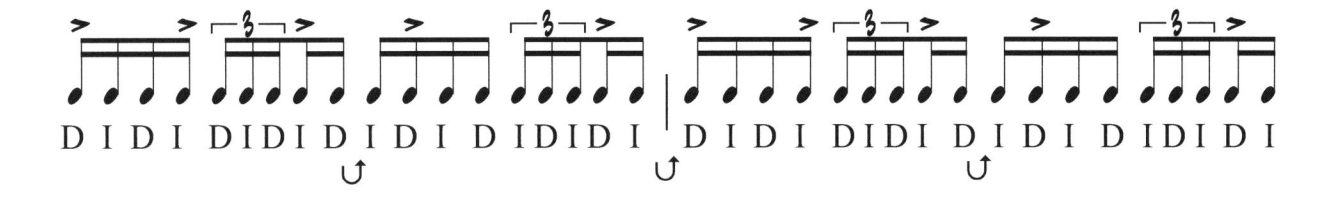

D I D I   D I D I D I   D I D I   D I D I D I   D I D I   D I D I D I   D I D I   D I D I D I

Combinaciones de manos

1- D I D I D I D I ... También relleno.(Basado en uno y uno)

2- I D I D I D I D ... También relleno.(Basado en uno y uno)

Rellenar y doblar
(Dos semicorcheas/tresillo de semicorchea)
Variación I

Audio-partitura con página 69

intermedio; ♪♪

Forma de frasear 21-

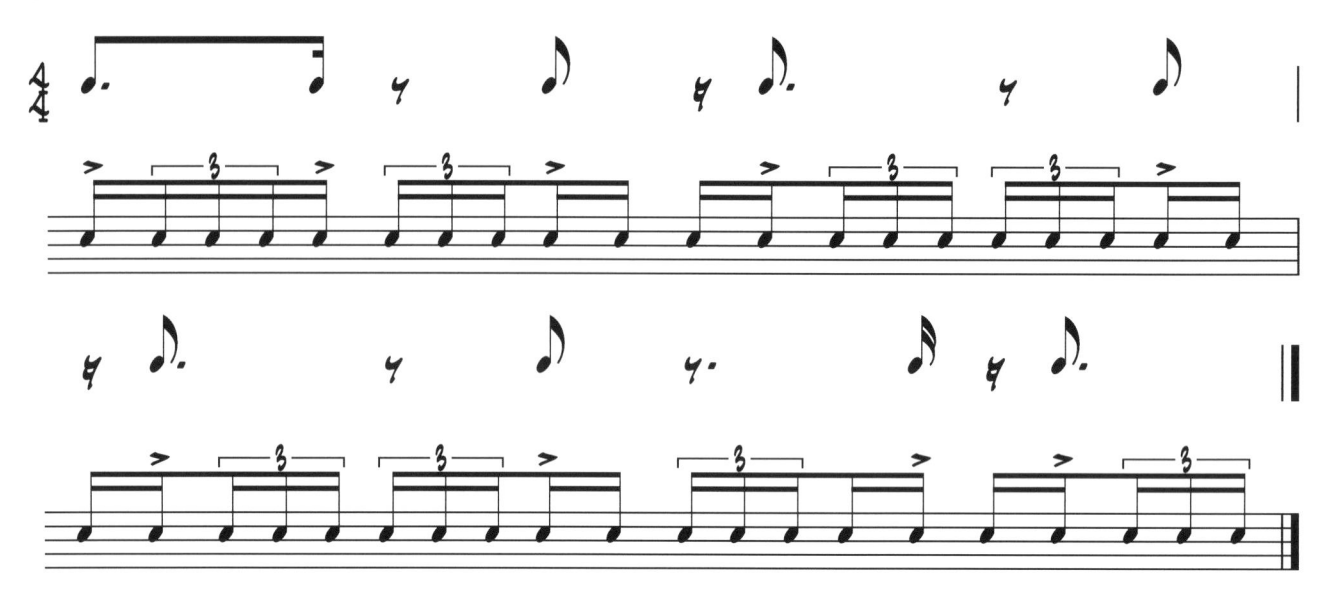

Esta otra forma de frasear se basa en introducir un tresillo de semicorcheas en el espacio de dos semicorcheas.
Es decir: **<u>Un tresillo de semicorcheas por cada dos semicorcheas.</u>**

Para hacer este ejercicio se tienen que cumplir una serie de requisitos, que deberás tener claro:
  -El primero, es que una vez que estés ejecutando el relleno de semicorcheas, deberás ir visualizando en qué células rítmicas por tiempos podrías realizar el movimiento.
  -El segundo, es decidir qué quieres hacer en las células rítmicas que no se cumpla la norma para introducir el tresillo de semicorcheas.
En este caso he decidido seguir con el relleno de semicorcheas y ejecutar los acentos donde correspondan.

En el gráfico de la derecha, te incorporo un ejemplo sobre que notas debes interactuar. Al rellenar con semicorcheas, una de ellas deberá acentuarse.
Te quedarían 3 semicorcheas. Necesitas solo 2, para efectuar el movimiento.
La otra la tocarás como semicorchea.
En este ejemplo produciré el efecto atresillado sobre las 2 últimas.
En la página siguiente, te incorporo unos gráficos para qué esté más claro.

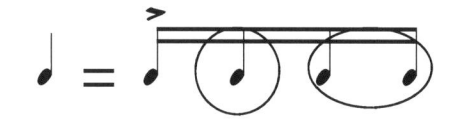

Respeta el acento de la primera.
Semicorchea normal en la segunda.
Haz el efecto atresillado en las dos últimas.

Rellenar y doblar

(Dos semicorcheas/tresillo de semicorchea) Variación I   intermedio;

Primera semicorchea:
Efecto sobre las dos últimas.

Segunda semicorchea:
Efecto sobre las dos últimas.

Tercera semicorchea:
Efecto sobre las dos primeras.

Cuarta semicorchea:
Efecto sobre las dos primeras.

Primera y segunda semicorchea:
Efecto sobre las dos últimas.

Primera y tercera semicorchea:
NO SE PRODUCE EL EFECTO

Primera y cuarta semicorchea:
NO SE PRODUCE EL EFECTO.

OPCIONAL
por razones teoricas

Segunda y tercera semicorchea:
NO SE PRODUCE EL EFECTO.

Segunda y cuarta semicorchea:
NO SE PRODUCE EL EFECTO.

Tercera y cuarta semicorchea:
Efecto sobre las dos primeras.

Primera, segunda y tercera semicorchea:
NO SE PRODUCE EL EFECTO.

Primera, segunda y tercera semicorchea:
NO SE PRODUCE EL EFECTO.

Primera, tercera y cuarta semicorchea:
NO SE PRODUCE EL EFECTO.

Segunda, tercera y cuarta semicorchea:
NO SE PRODUCE EL EFECTO.

Primera, segunda, tercera y cuarta semicorchea:
NO SE PRODUCE EL EFECTO.

Silencios de negra o blanca:
OPCION A, NO   OPCION B, SI

Rellenar y doblar
(Dos semicorcheas/tresillo de semicorchea) Variación I   intermedio; ♪♪

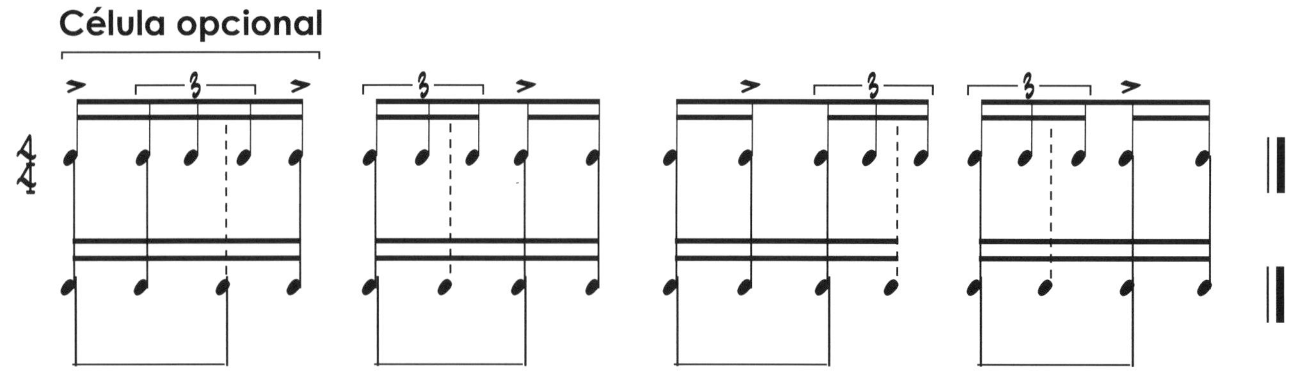

Célula opcional

En el gráfico superior, observa el efecto polirítmico que se produce. Si coges como base el primer compás. En el primer tiempo tendrás el efecto sobre la segunda y tercera semicorcheas. Esta célula es opcional. Ya que como puedes observar, interactúa sobre dos corcheas. Mientras que en las otras células, interactúa sobre solo una corchea y su subdivisión.

En el segundo tiempo, lo tendrás sobre la primera y segunda semicorcheas. El tercer tiempo sobre la tercera y cuarta semicorchea.

Para conseguir que el fraseo suene correcto, situando un "click" a negras, seguramente tenga que hacer un paso previo.

En algunas ocasiones por la complejidad del fraseo o movimiento, lo que hago es subdividir las notas al máximo.

Lo que haré, será hacer negras en 4/4, y el efecto polirítmico lo efectuaré con tresillo de negras.

El "click" ahora estará situado en las negras. Trabaja este trabajo previo hasta que controles la situación.

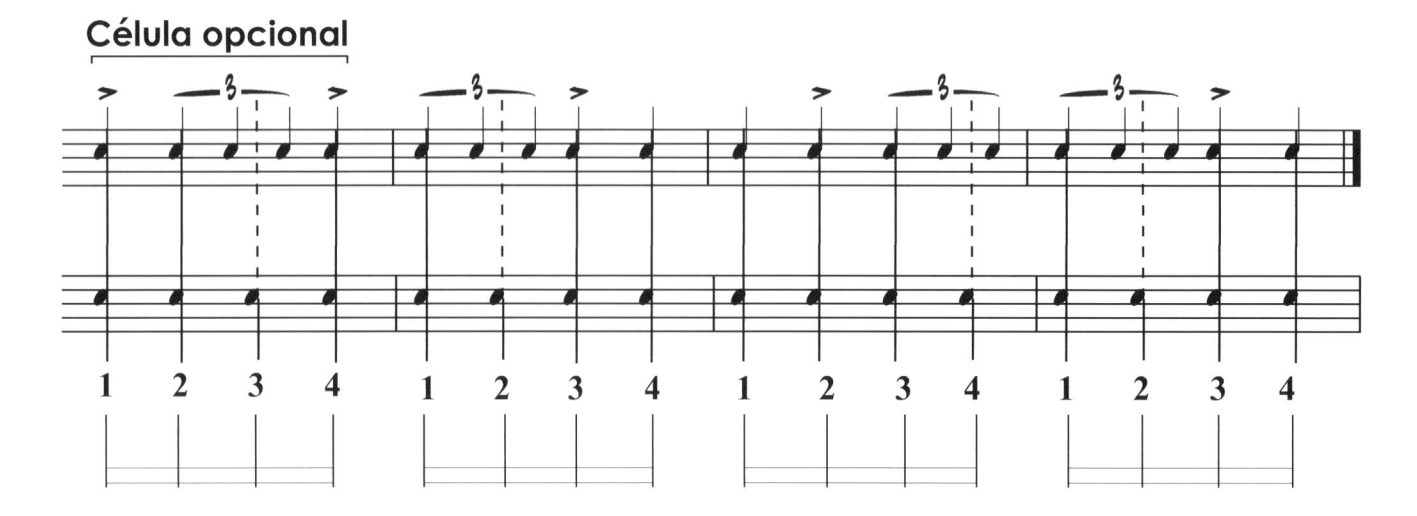

Célula opcional

Rellenar y doblar
(Dos semicorcheas /tresillo de semicorchea)
Variación I

intermedio;

Ejemplo 21a-

Célula opcional

Ejemplo 21b-

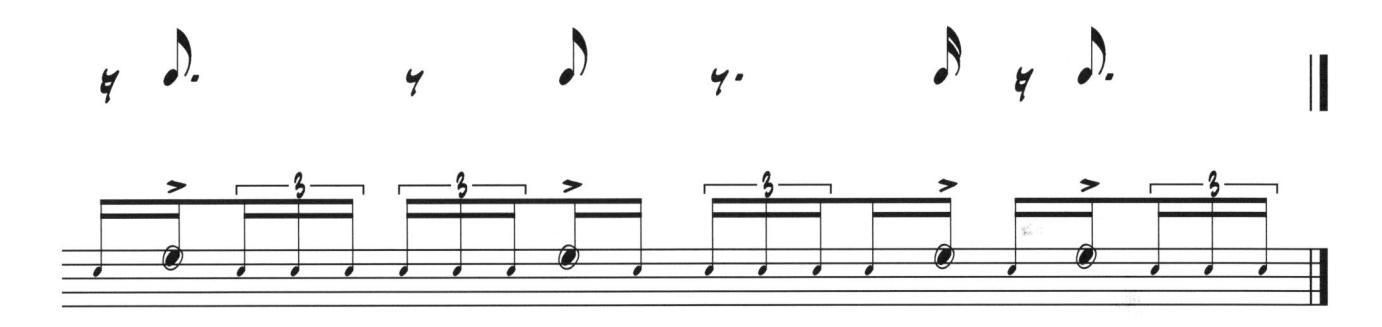

Cuando tengas clara la mecánica del fraseo, procede a orquestarlo.
Fijate que solo orquesto las notas de las frases. No la semicorchea binaria, ni el movimiento atresillado.

Esta forma de frasear la considero de baja densidad.
Considero baja densidad. Cuando en dos semicorcheas se introduce un tresillo de semicorcheas.
Esta no es su subdivisión natural.

En cuanto a las combinaciones, estas están basadas en uno y uno y son las más recomendables.

Combinaciones de manos
1- D I D I D I D I ... También relleno.(Basado en uno y uno)

2- I D I D I D I D ... También relleno.(Basado en uno y uno)

| Audio-partitura con página 69 |

Rellenar y doblar seisillos
(semicorcheas/fusa)

intermedio; ♪

Forma de frasear 22-

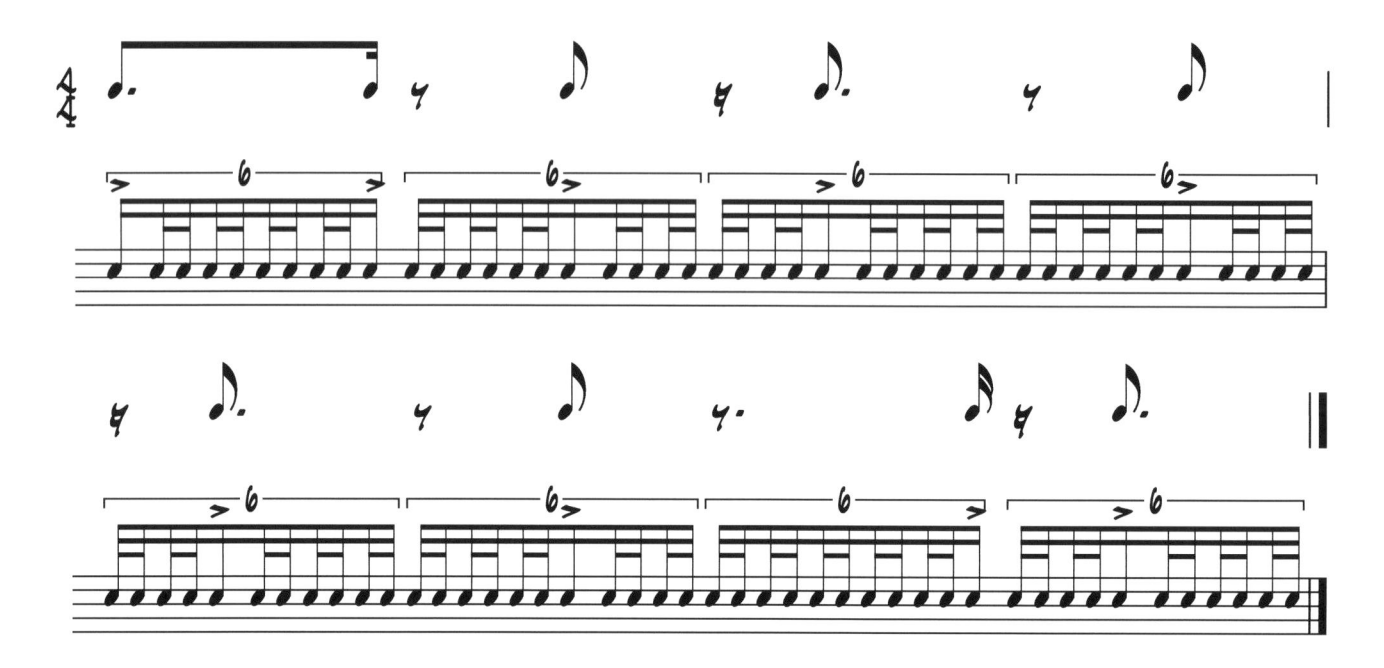

El concepto, es partir del grupo de seis notas, en su movimiento binario.
En el ejercicio **5**, rellenaba con seisillos y acentuaba donde correspondía.
Ahora, doblo todas las semicorcheas produciendo fusas.
Y acentúo como semicorchea la nota que corresponde. Todo esto en un movimiento aseisillado.
En el gráfico inferior, te muestro la subdivisión binaria aseisillada partiendo de la semicorchea.

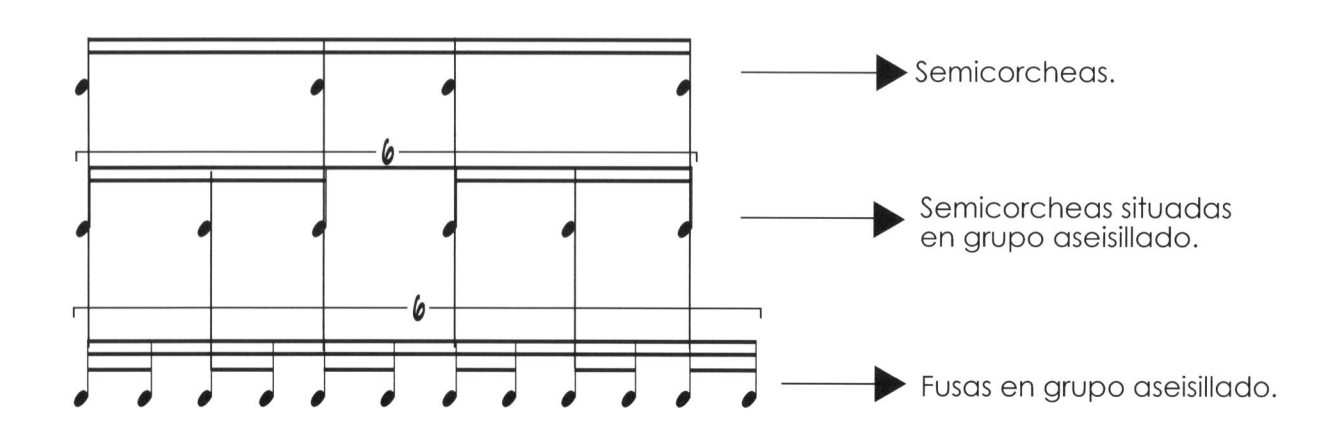

→ Semicorcheas.

→ Semicorcheas situadas en grupo aseisillado.

→ Fusas en grupo aseisillado.

Rellenar y doblar
seisillos
(semicorchea/fusas)

intermedio; ♪

Ejemplo 22a-

Ejemplo 22b-

Esta forma de frasear la considero de alta densidad.
Considero alta densidad. Cuando la semicorchea en un grupo de seis semicorcheas se dobla con valor de fusa en un contexto binario.

En cuanto a las combinaciones, deberías utilizar como principal la primera y la segunda. Estas están basadas en el "Double stroke" (dos y dos) y son las más recomendables.
La tercera y la cuarta se basan en el "Single stroke" (uno y uno).

Combinaciones de manos
1- DD II DD II DD II... El relleno. Notas de las frases con uno y uno.
2- II DD II DD II DD... El relleno. Notas de las frases con uno y uno.
3- DI DI DI ... También el relleno (Basado en uno y uno).
4- ID ID ID ... También relleno.(Basado en uno y uno)

Formas de frasear por niveles

Principiante I

X

Principiante II

1 (pág. 11 y 12)
2 (pág. 13 y 14)
6 (pág. 21 y 22)
7 (pág. 23 y 24)
23 (pág. 59)
24 (pág. 59)
27 (pág. 60)

Principiante III

3 (pág. 15 y 16)   33 (pág. 61)
18 (pág. 45 y 46) 26 (pág. 60)
28 (pág. 61)   42 (pág. 63)
29 (pág 61)   43 (pág. 64)
32 (pág. 61)

Intermedio I

4 (pág. 17 y 18)   20 (pág. 49 y 50)
5 (pág. 19 y 20)   22 (pág. 55 y 56)
8 (pág. 25 y 26)   25 (pág. 59)
9 (pág. 27 y 28)   30 (pág.61)
11 (pág. 31 y 32)   34 (pág. 62)
12 (pág. 33 y 34)   35 (pág. 62)
15 (pág. 39 y 40)   36 (pág. 62)
19 (pág. 47 y 48)   38 (pág. 62)
44 (pág. 64)   46 (pág. 65)

Intermedio II

10 (pág. 29 y 30)
13 (pág. 35 y 36)
16 (pág. 41 y 42)
21 (pág. 51 a 54)
31 (pág. 61)
37 (pág. 62)
41 (pág. 62)
45 (pág. 65)

Intermedio III

14 (pág. 37 y 38)
17 (pág. 43 y 44)
39 (pág. 62)
40 (pág. 62)

Otras formas de frasear

Por ALEX CID

Incorporando ritmos

Audio-partitura 23, 24 y 25 con página 69

La primera forma de frasear, sería incorporar nuestros ritmos a los fraseos que estén interiorizados. Estos son solo unos ejemplos habría muchos más.
En el ejemplo **23**, coloco el fill rellenando con semicorcheas delante del ritmo.

Forma de frasear 23-

En el ejemplo **24**, incorporo el fill sin ningún relleno solo en dos tiempos, ya que en muchas ocasiones no es necesario tocar un fill de un compás entero.

Forma de frasear 24-

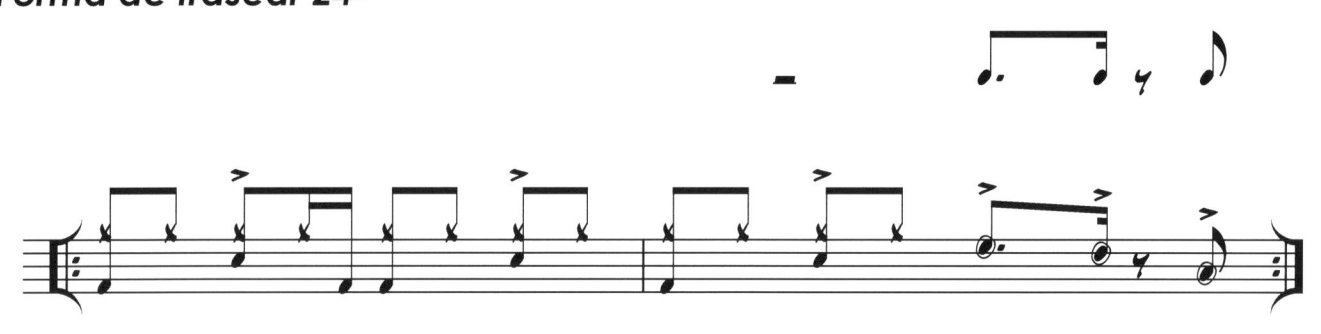

En el ejemplo **25**, introduzco un movimiento swing tanto al groove como al fill.

Forma de frasear 25-

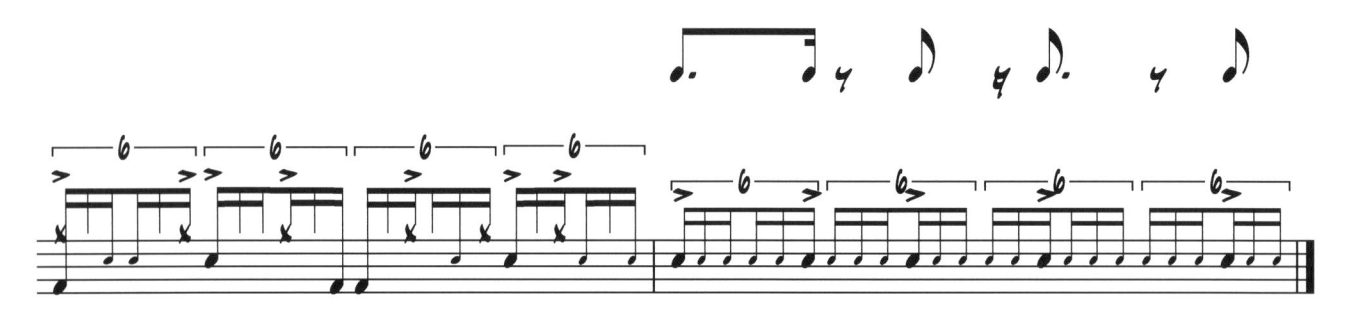

Mezclar las formas de frasear

Audio.partitura 26 y 27 con página 69

En el momento que tengo dos formas de frasear, las podría mezclar.
Ahora bien, hay dos parámetros que debemos tener en cuenta.
El objetivo del ejercicio y la frecuencia con que lo quiero realizar:

- El objetivo es lo que quiero conseguir.
- La frecuencia es cada cuánto tiempo voy a realizar un fraseo y otro.

Por ejemplo en el ejemplo **26**, el objetivo sería tocar los dos primeros tiempos rellenando con semicorcheas. Para luego introducir un relleno de semicorchea / fusas. Consiguiendo un cambio de "single stroke a "double stroke". La frecuencia será en este caso cada dos tiempos.

Forma de frasear 26-

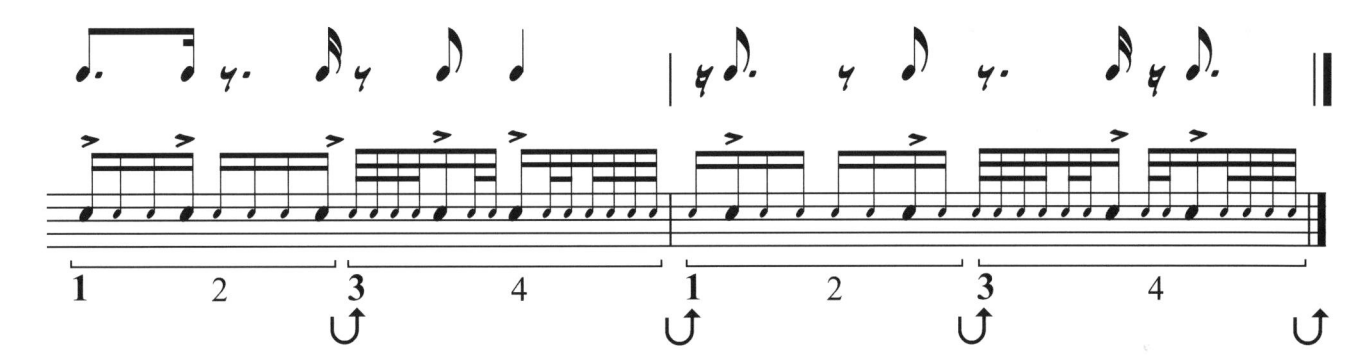

En el ejemplo **27**, la frecuencia sería por tiempos y el objetivo, Incorporar un "flam" a algunas células rítmicas.

Forma de frasear 27-

Incorporando el bombo (fraseo lineal)

Audio-partitura 28, 29, 30, 31, 32 y 33 con página 69

Esta otra forma de frasear, consiste en incorporar el bombo al fraseo.
El planteamiento ahora sería más correcto verlo dentro de un contexto lineal.
Opino que hay dos objetivos muy importantes para un baterista: Coordinación y musicalidad.
Por supuesto, si quiero tener una gran musicalidad es obvio que debo tener una mínima coordinación.

1- Coordinación: Toca e incorpora el bombo de manera óptima y relajada al fraseo elegido.
2- Musicalidad: Para conseguirla, deberás colocar unos acentos extra en las manos.

Creo conveniente comentar, que si bien al incorporar el bombo buscando la coordinación, si podría tocar páginas de lectura enteras. Al buscar la musicalidad no sería tan sencillo incorporar el bombo y los acentos. Y que el resultado fuese el mejor. Considera en este caso reducir el número de compases. Y a continuación comienza una búsqueda de acentos que te resulte satisfactoria (frases en blanco, compases que más te gusten).

Observa que en todas estas otras formas de frasear, siempre he utilizado el mismo compás.

Ejemplo 28- Basado en fraseo 1.
Notas de las frases con bombo.
Los números solo es una forma de agrupar las notas.

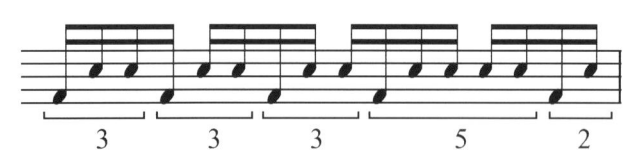

Ejemplo 29- Basado en fraseo 2.
Incorporo el bombo, timbales y notas de gracia de manera aleatoria

Ejemplo 30- Basado en fraseo 4.

Ejemplo 31- Basado en fraseo 5.

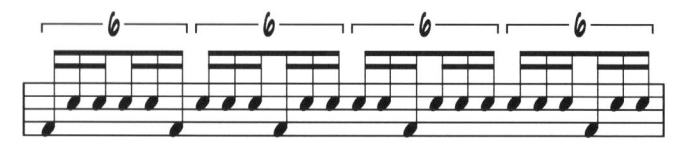

Ejemplo 32- Basado en fraseo 6.
Todas las notas que estén en tiempos 1 y 3, bombo. Y todas las notas de tiempos 2 y 4, caja.

Ejemplo 33- Basado en fraseo 7.

Incorporando el bombo (fraseo lineal)

Audio-partitura 34, 35, 36, y 37 con página 69

Ejemplo 34- *Basado en fraseo 18.*

Ejemplo 35- *Basado en fraseo 19.*

Ejemplo 36- *Basado en fraseo 20.*

Ejemplo 37- *Basado en fraseo 21.*

Incorporo un bombo en todas las figuras atresilladas y los silencios de negra y blanca con opción B.

Incorporando el bombo (fraseo unísono)

Audio-partitura 38, 39, 40 y 41 con página 69

Si no te has limitado a la hora de orquestar con platos y bombo, sino que al contrario has optado por todos los elementos que componen tu batería. Habrás comprobado que en esta forma de frasear tienes muchas posibilidades. Aun así te incorporo una orquestación más, que no suelo escucharla mucho. Sería unísono con caja y bombo.

Orquestado con Hi-hat

Negativo, todo al contrario. Menos bombo

Lo explicado anteriormente, funciona muy bien si toco con seisillos.

Ejemplo 38- *Basado en fraseo 5.*

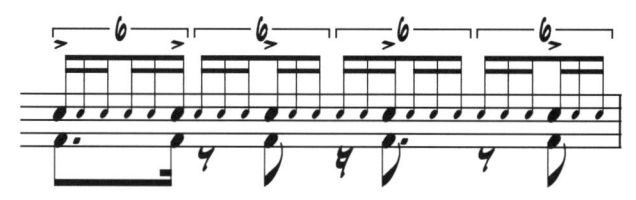

Ejemplo 39- *Basado en fraseo 14.*

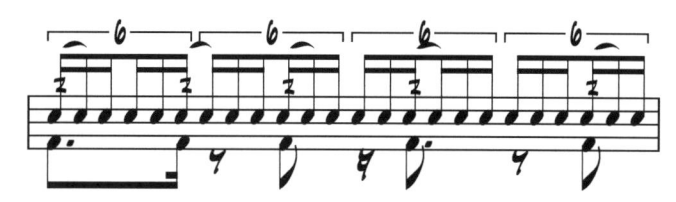

Ejemplo 40- *Basado en fraseo 17.*

Ejemplo 41- *Basado en fraseo 22.*

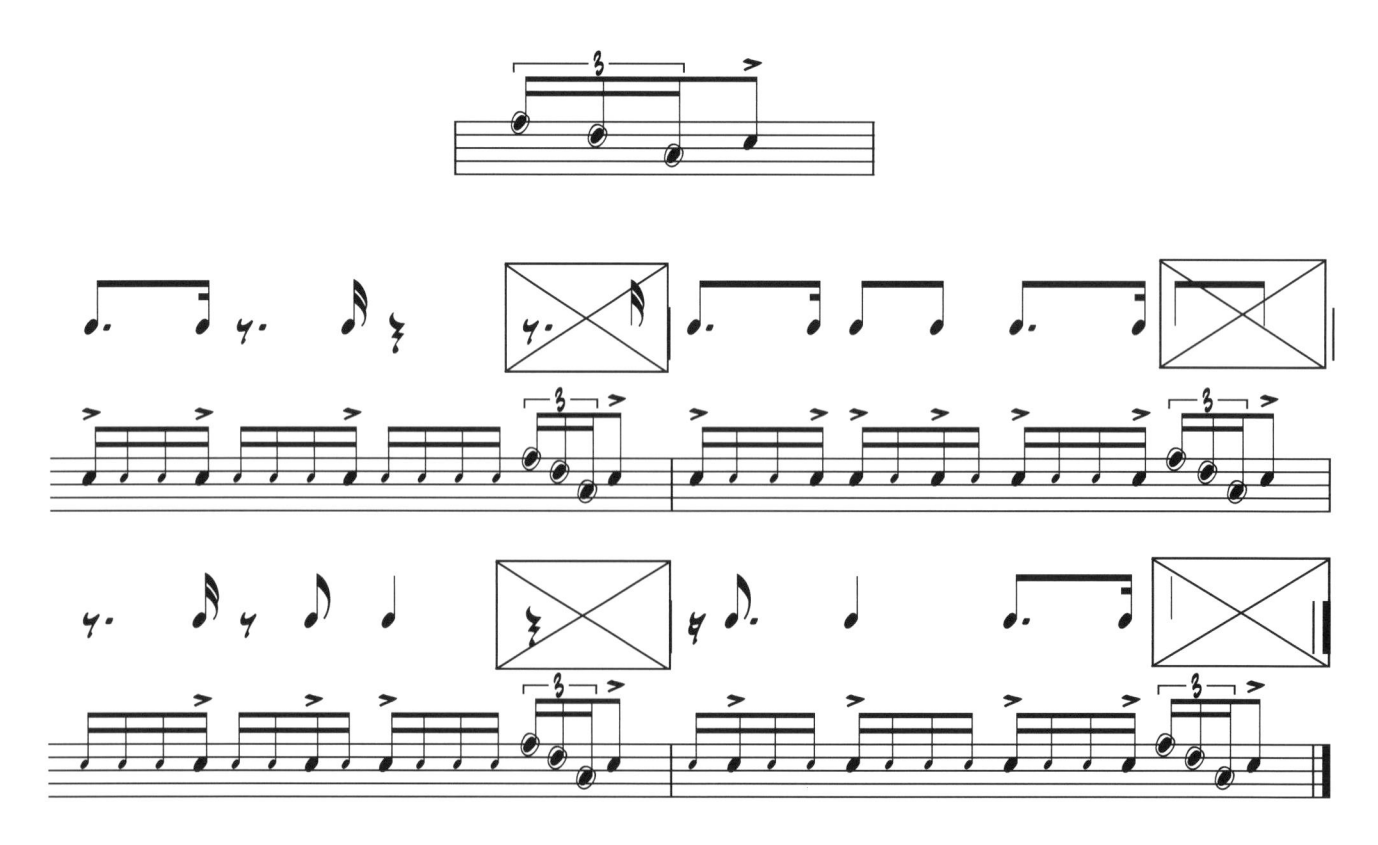

Sustituciones

> Audio-partitura 42
> con página 69

Todos tenemos células rítmicas que podemos incorporar en cualquier contexto musical.
O bien, células rítmicas que deseas integrar dentro de una forma de frasear.
Lo que te propongo es sustituir porciones de tiempo de las páginas de lectura para incorporar ahí esas células. Por un lado, debo saber cuánto dura esa célula que quiero integrar, para luego sustituir dentro de la forma de frasear esa porción de tiempo, y en que situación del compás o pasaje musical.

Entiende que este apartado es infinito y muy personal.
Haz un trabajo previo sobre la célula y la forma de frasear en lo referente a las combinaciones de manos. Ya que de ello va a depender el buen funcionamiento e integracion de la sustitución.
He optado por simplificar en las formas de fraseo para clarificar todo esto. Pero podrías hacerlo con cualquier forma de fraseo, incluidas sus orquestaciones.
En el ejemplo **42**, la célula que quiero integrar dura una corchea. El objetivo de esta célula es cerrar los compases de una manera imprevista y contundente.
La sustitución se hará siempre en el 4º tiempo. Reemplazando, siempre la figura que esté.

Forma de frasear 42-

Sustituciones

> Audio-partitura 43 y 44
> con página 69

En el ejemplo **43**, la célula que quiero integrar dura un compás. El objetivo de esta célula es introducir un fill en otro movimiento.
La sustitución se hará siempre el primer compás de cada cuatro.

Forma de frasear 43-

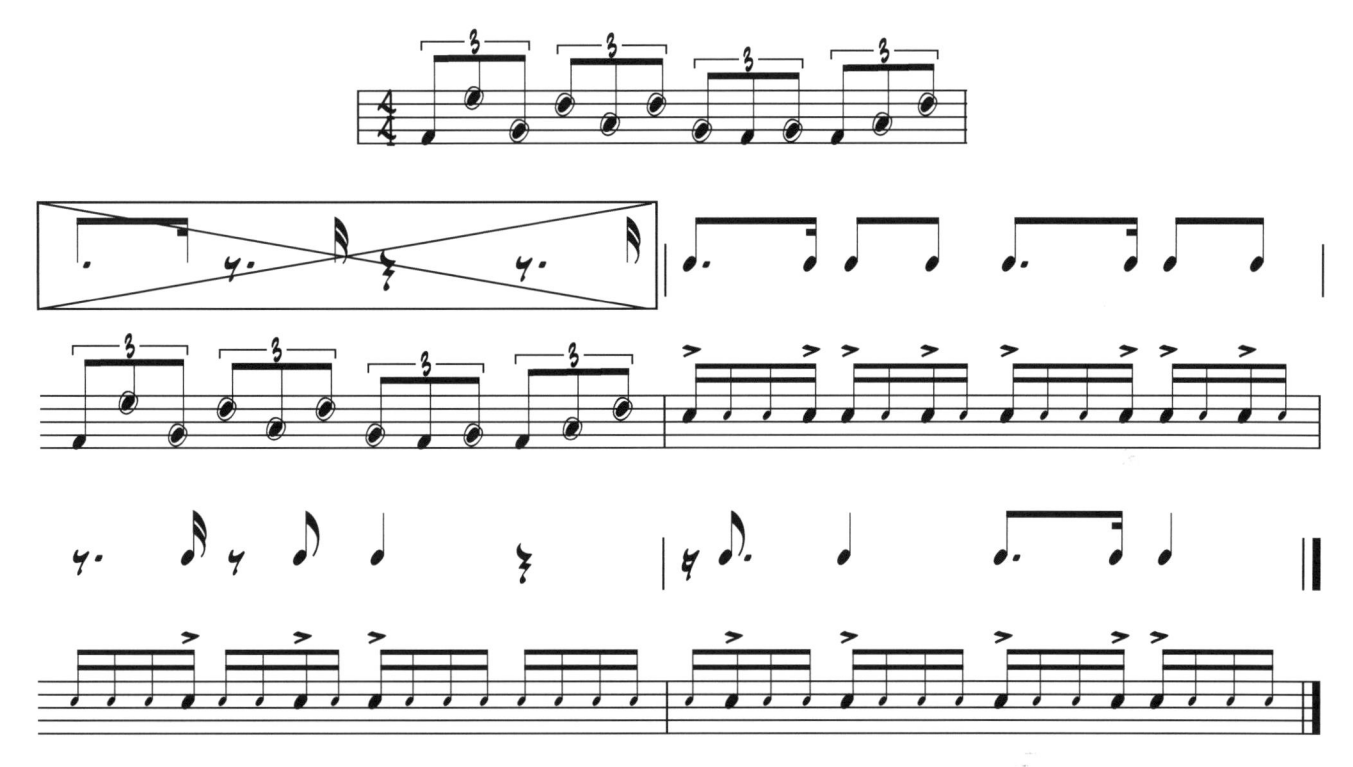

En el ejemplo **44**, he optado por incorporar una célula con rubato en el sustain del hi-hat abierto y en el buzz de la caja. Cada una con su rubato correspondiente.
En este caso sustituyo siempre negras. Lo demas sin ningún relleno, flams y en timbales.

Forma de frasear 44-

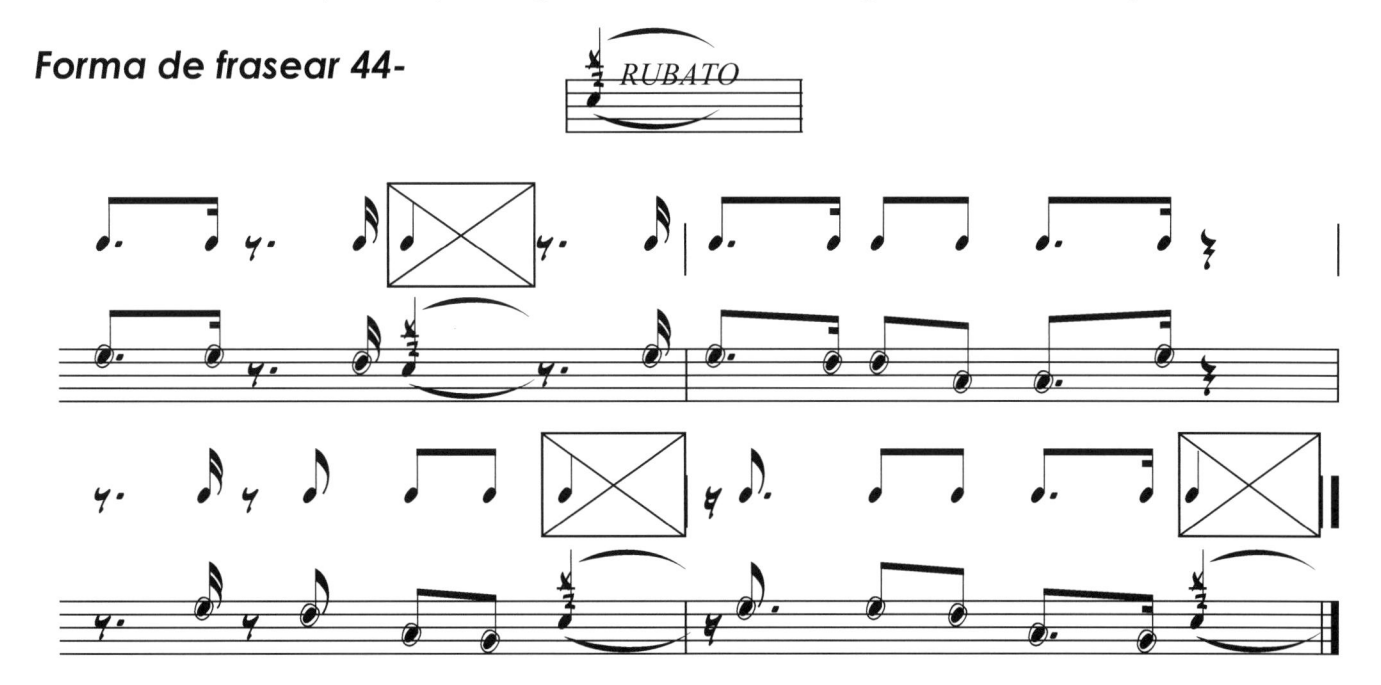

Sustituciones

Audio-partitura 45 y 46 con página 69

En el ejemplo **45**, la célula que quiero integrar dura un compás, pero en otra medida. La sustitución se hará siempre el primer compás de cada dos.

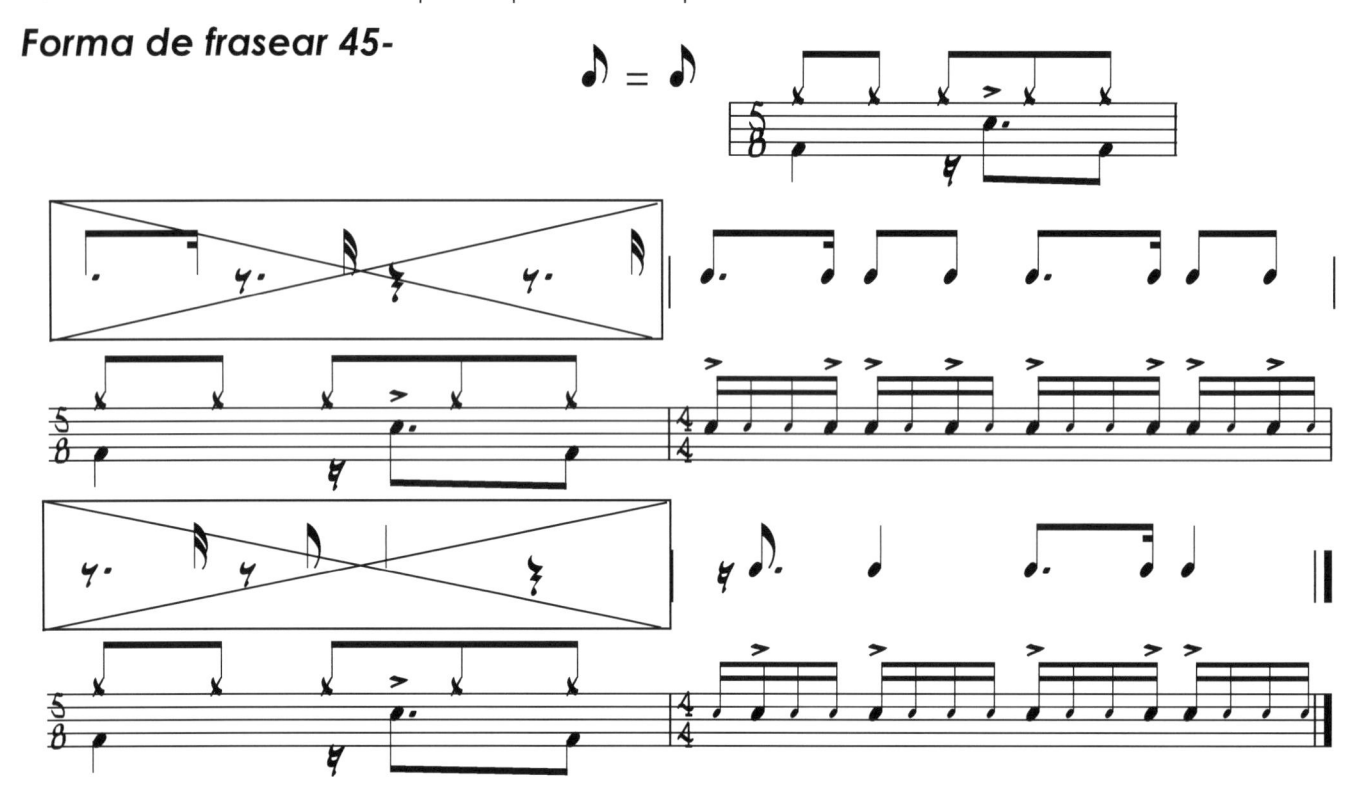

Forma de frasear 45-

En el ejemplo **46**, introduzco una célula polirítmica en caja y timbal.
La sustitución la haré siempre en los dos primeros tiempos, el primer compás de cada dos. A su vez, incorporo un ostinato en Hi-hat con el pie, para que la polirítmia quede más clara.

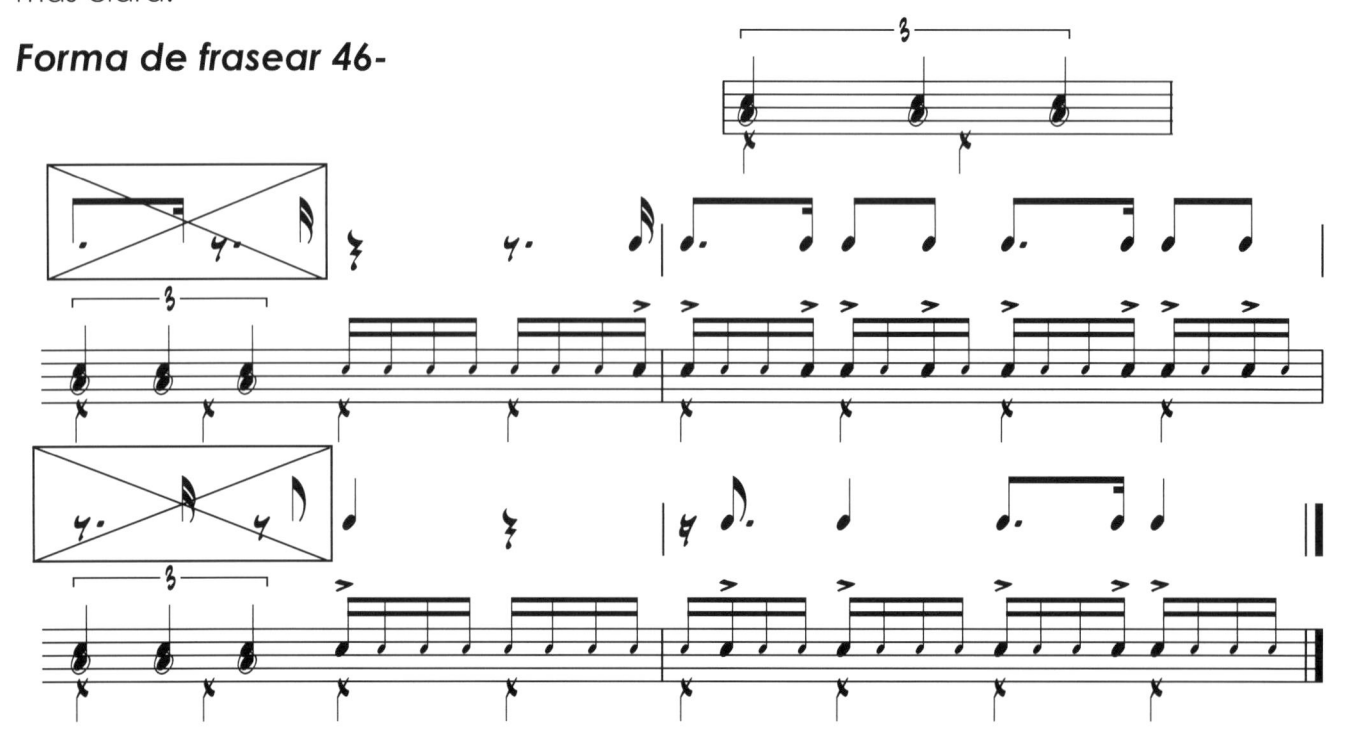

Forma de frasear 46-

65

Ostinatos

Un ostinato, es la repetición constante de una misma frase.
Lo que deberás hacer, es cuando tengas una forma de frasear interiorizada procede a incorporar los ostinatos que te propongo.

Indispensables

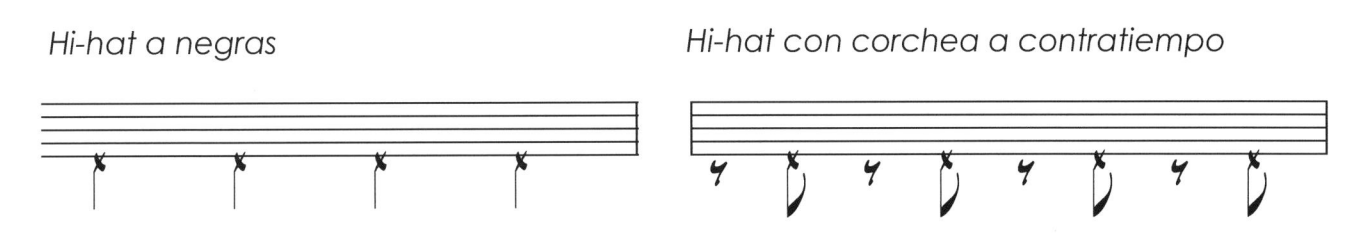

Hi-hat a negras

Hi-hat con corchea a contratiempo

Considero estos ostinatos indispensables, por que son los que más vas a realizar. También por que estos ostinatos unidos a otros son los que mejor resultado dan.

Ejemplo con bombo incorporado.
En este caso, no podrías orquestar los ejercicios con bombo.

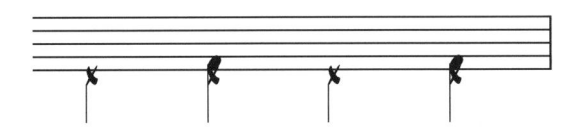

Hay una cuestión que considero importante comentar. Al realizar un ostinato y querer interiorizarlo, ocurre en muchas ocasiones que no lo puedes eliminar a conciencia. Esto hay que trabajarlo. Saber eliminar e incorporar el ostinato cuando se desee en un contexto musical.

A partir de lo que considero indispensables, se pueden estudiar y asimilar muchos más. Recomiendo hacer un estudio por estilos musicales e incorporar los ostinatos a nuestro vocabulario.

Ejemplos de ostinatos de brazilian music.

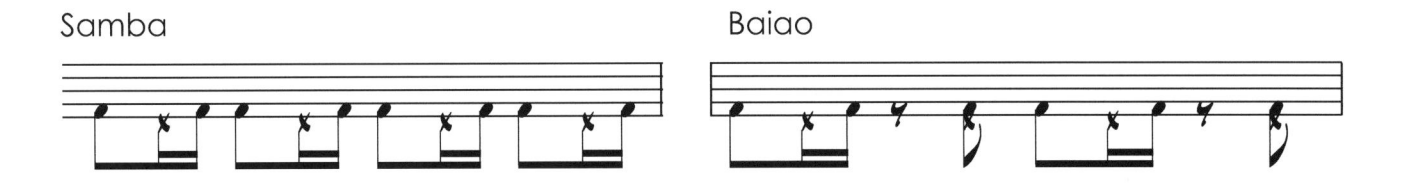

Samba

Baiao

Arreglos de banda (Enarmonía rítmica)

En muchas ocasiones los bateristas que no tocan instrumentos armónicos, no participan del proceso de creación de una canción. Esta forma de frasear tiene mucho que ver con lo que te comenté en el apartado de teoría aplicada. Y lo que denomino "enarmonía rítmica. Y También con el apartado de "frases en blanco".

Pongamos un ejemplo a todo esto:

Imagina que tu grupo necesita un areglo de banda para entrar o salir, de algún pasaje musical. Ya sea una estrofa, estribillo, solo, etc.. Podrías incorporar cualquiera de los compases que más te gusten y en tu opinión mejor se adapten.

Ejemplo

Tu grupo y tú habeis decidido que el arreglo es el mejor. Entonces al tocarlo el arreglo sonaría así. Observa el valor real de cada nota.

Valor real de cada nota

Ahora tú, una vez que el arreglo está decidido, podrías plantearte la posibilidad de embellecer este pasaje utilizando la "enarmonía rítmica".
Esta sería la misma frase, pero de manera enarmónica. Observa que solo he dejado las cabezas de las notas que mi grupo va a tocar.

En los huecos que mi grupo no toca, puedo incorporar cualquiera de las formas de frasear que más te gusten. O bien alguna célula rítmica extraída de esas formas.

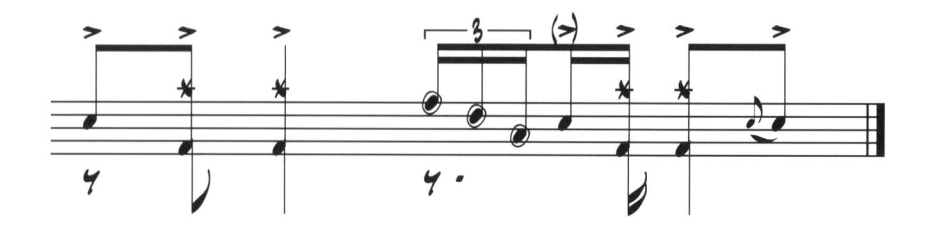

Observa que he dejado el arreglo de banda en los platos.
Entiende que todo esto es un ejemplo, no he pretendido hacer el arreglo perfecto.

Fraseos

Por ALEX CID

ALEX CID

Todas los videos con audio y partituras.
Han sido grabadas con esta página.

ALex CID

ALEX CID

ALEX CID

ALEX CIO

ALEX CIO

ALEX CID

ALEX CIO

ALEX CID

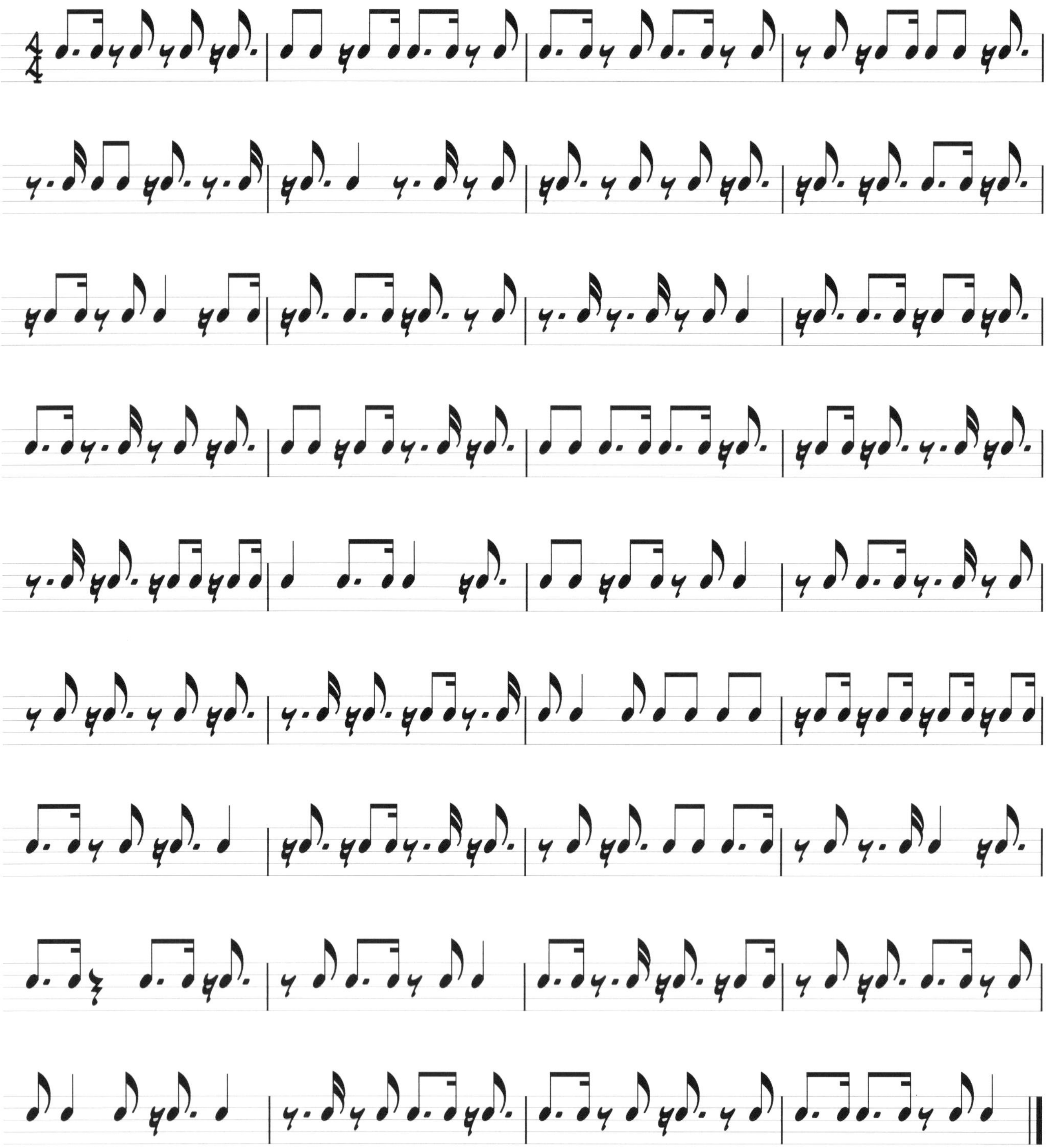

ALEX CIO

ALEX CID

ALEX CID

ALEX CIO

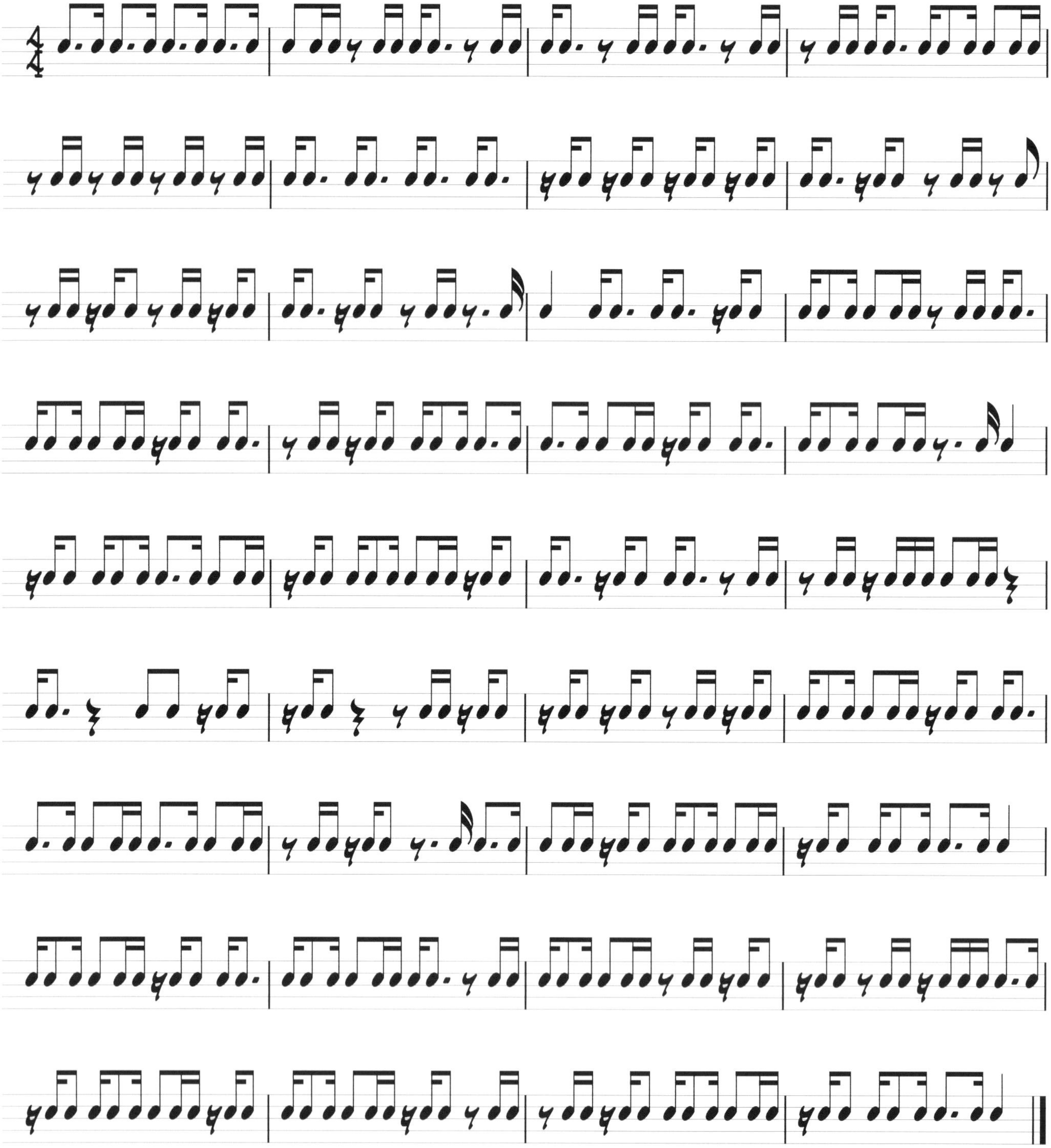

ALEX CIO

ALEX CIO

ALEX CIO

ALEX CIO

ALEX CIO

ALEX CID

ALEX CID

ALEX CIO

ALEX CIO

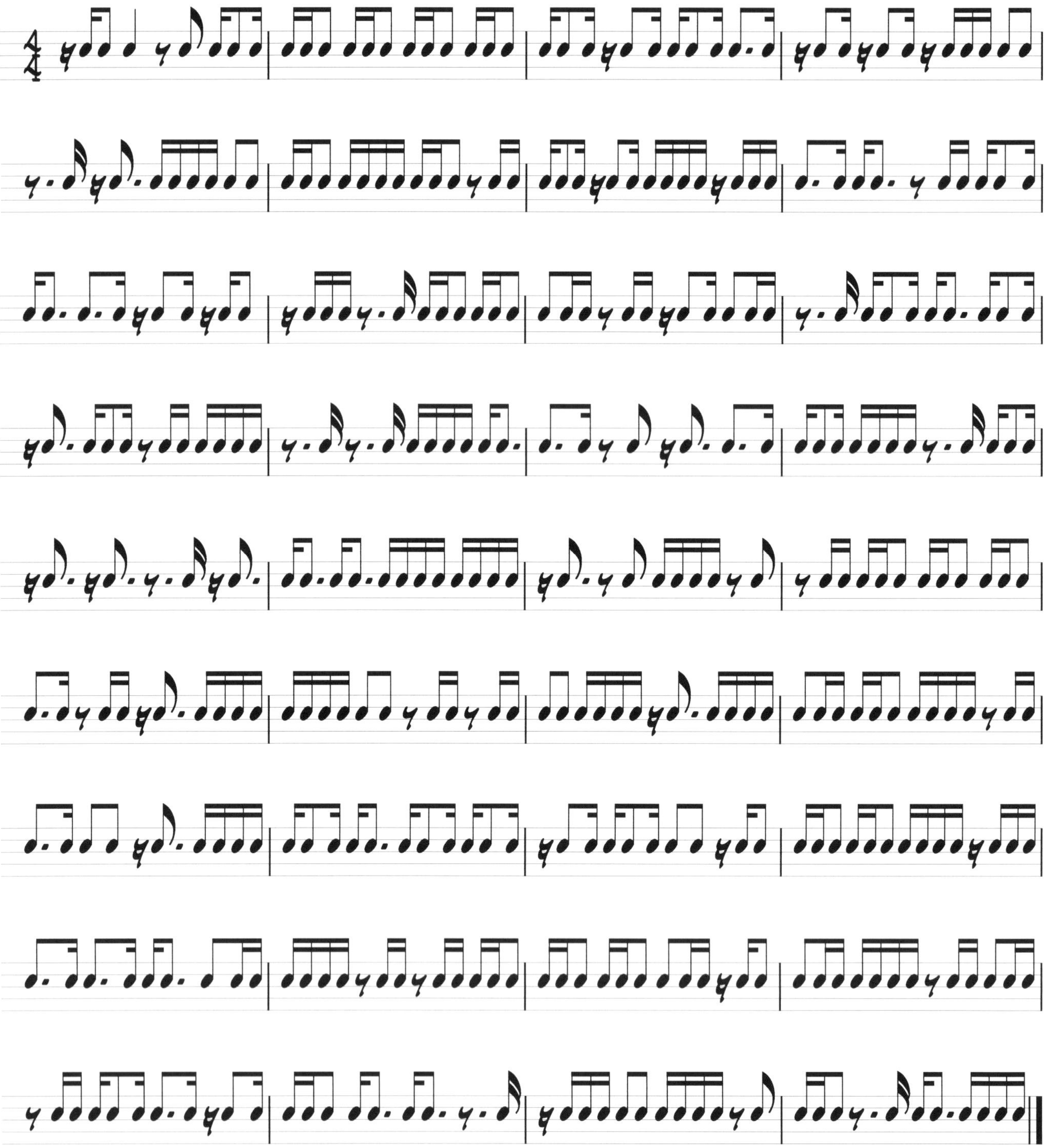

ALEX CIO

ALEX CID

ALEX CIO

Metrónomo de los audios con partitura con página 69

Forma de frasear 1 ♩ = 80	Forma de frasear 24 ♩ = 94
Forma de frasear 2 ♩ = 70	Forma de frasear 25 ♩ = 66
Forma de frasear 3 ♩ = 60	Forma de frasear 26 ♩ = 60
Forma de frasear 4 ♩ = 60	Forma de frasear 27 ♩ = 60
Forma de frasear 5 ♩ = 70	Forma de frasear 28 ♩ = 70
Forma de frasear 6 ♩ = 70	Forma de frasear 29 ♩ = 60
Forma de frasear 7 ♩ = 70	Forma de frasear 30 ♩ = 60
Forma de frasear 8 ♩ = 50	Forma de frasear 31 ♩ = 68
Forma de frasear 9 ♩ = 46	Forma de frasear 32 ♩ = 90
Forma de frasear 10 ♩ = 46	Forma de frasear 33 ♩ = 60
Forma de frasear 11 ♩ = 66	Forma de frasear 34 ♩ = 68
Forma de frasear 12 ♩ = 50	Forma de frasear 35 ♩ = 56
Forma de frasear 13 ♩ = 50	Forma de frasear 36 ♩ = 74
Forma de frasear 14 ♩ = 60	Forma de frasear 37 ♩ = 66
Forma de frasear 15 ♩ = 110	Forma de frasear 38 ♩ = 60
Forma de frasear 16 ♩ = 56	Forma de frasear 39 ♩ = 56
Forma de frasear 17 ♩ = 60	Forma de frasear 40 ♩ = 60
Forma de frasear 18 ♩ = 68	Forma de frasear 41 ♩ = 56
Forma de frasear 19 ♩ = 66	Forma de frasear 42 ♩ = 72
Forma de frasear 20 ♩ = 65	Forma de frasear 43 ♩ = 100
Forma de frasear 21 ♩ = 66	Forma de frasear 44 ♩ = 60
Forma de frasear 22 ♩ = 60	Forma de frasear 45 ♩ = 80
Forma de frasear 23 ♩ = 90	Forma de frasear 46 ♩ = 100

Ligaduras

Por ALEX CID

ALEX CIO

ALEX CIO

ALEX CIO

ALEX C10

Frases en blanco

Made in United States
Orlando, FL
28 February 2022